U0595382

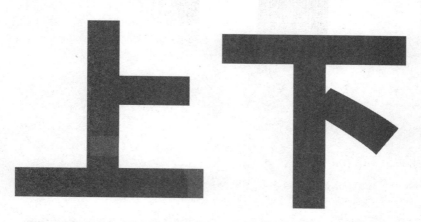

上下

将团队合力发挥到淋漓尽致的
28个领导力法则

南勇 ◎ 著

Triumph Comes
When Leaders
and Followers Share
the Same Goal

江苏凤凰文艺出版社
JIANGSU PHOENIX LITERATURE AND
ART PUBLISHING

前 言

领导力的本质：先感染别人，才能领导别人

何谓领导力？

我们普遍认为领导力是指：在管辖的范围内充分地利用人力和客观条件，以最小的成本办成所需的事，提高整个团队办事效率的能力。

显然，领导力是一种能力，而这种力的源泉很容易让人联想到"权力""职权"。

那么，领导力到底和职权怎样的关系呢？

没有职权，则谈不上领导；但是有职权，

就一定能具备领导力，一定能当个好领导吗？

答案显然是否定的。因为在现实的管理实践中，有权而无力，做不了好领导的管理者可谓比比皆是，一点儿都不新鲜。

可见，领导力虽然和职权有关，却也有根本性的不同。搞不懂这一点，是绝无可能掌握领导力，做个好领导的。

那么，真正的领导力到底是什么呢？

真正的领导力，其实建构在个人影响力之上。也就是说，领导力首先和做人有关。

招人喜欢的人、使人信服的人、叫人放心的人、令人尊敬的人、被人佩服的人、受人敬畏的人、让人崇拜的人、惹人神往的人……这些典型的人格特质，才是领导力真正的本质。

拥有了这些人格特质，你就具备了做领导的潜质。这种人格特质本身催生了特殊的资格（被授权），意味着你身边的人相信你的判断，并跟随你的脚步，只要你愿意号召，他们就会以行为做出响应。

请注意，这里提到的"授权"，并不是一种职权，而是一种影响力和凝聚力。这个"权力"并不是某个上司或某种制度授予你的，而是你的同事和伙伴自愿"授予"你的。换言之，这样的"授权"是非正式的，与团队的任务或使命无直接关系，只是一种群体中常见的自发行为。

一言以蔽之，这种状态叫作众望所归。这四个字道出了权力的本质。

可见，权力的本质源于影响力。只要有影响力，就会有权力。

鉴于此，我们可以很容易地理解这样的逻辑。在管理的世界里，领导力的最佳状态，应该是职权、影响力和凝聚力的统一（同时获得"潜规则"与"明规则"的承认），这种状态可以把领导力的效率发挥到极致；与之相反，领导力的最差状态，就是只有职权而没有影响力和凝聚力，这样的管理者会举步维艰，职权越大，反弹就越厉害，副作用也就越大，于整个团队都有极大的弊害。最后，领导力的中间状态，是没有职权，只有影响力和凝聚力，这样的领导力状态利弊参半，处理得好事半功倍、锦上添花，处理得不好事倍功半、得不偿失。

因此，争取第一种状态，亦即职权和影响力和凝聚力完全统一的状态，应该是领导力建设的终极目标。想要达成这一目标，只有两种方式：一种是得到职权的人，在被授权之后展现出强烈的人格魅力，从而具有影响力和凝聚力；另一种是在得到权力之前便展现出强烈的人格魅力，从而顺理成章地被授予职权。

显然，无论是哪种方式，人格魅力都是不可或缺的，甚至是第一位的。很难想象一个人在被授予职权后，通过短时间突击努力便神奇地拥有了人格魅力。这便意味着，缺乏人格魅力的人，即便由于某种原因能够获得职权，也必将在领导实践中与实际的领导力失之交臂，从而让自己的领导之路倍加艰辛、充满荆棘。这就是我所谓的"领导力的最差状态"。

那么，只要具备人格魅力，亦即达到可以具有影响力和凝聚力的状态，是否就一定能当一个好领导呢？

未必。如何使用权，才是真正的关键所在。这里面有两个方面的意思：只有正确掌握职权的使用方法，并做出明显的成

3

绩，你的魅力和权力才能加码，或至少保持住；反之亦然，如果你不懂职权的使用方法，没有做出成绩，你的魅力就会减弱乃至消失，从而让你失去职权。

可见，并不是只要有魅力，就一定能做个好领导，只有精通魅力以及职权的使用方法，才能给领导力画一个圆满的句号。

因此，如果用一个公式来形容领导力，那么这个公式是：领导力＝魅力 × 成绩。两者相辅相成、缺一不可：有魅力没成绩，抑或有成绩没魅力，领导力都会大打折扣、残缺不全，迟早会出大问题。这样的案例和经验教训可谓俯拾皆是、屡见不鲜。

那么，接下来，就让我们对领导力的秘密进行一次彻底解构吧！

目 录
CONTENTS

第一章　领导力内核：99% 的领导只有权力，而没有领导力

第二章　领导力赋能：懂授权，才能引爆团队的效率潜能

第三章　领导力落地：提升团队执行力，先从领导者自己下手

第四章　领导力建设：不懂培养人，就没资格当领导者

第五章 领导力极致：团队越不需要你，你越成功

第一章

领导力内核：99% 的领导只有权力，
而没有领导力

/// 感染力 ///

有魅力，别人就会死心塌地追随你

是否能够成为"大众情人"，是判断卓越领导力的一个重要标准。

开门见山，亮明观点：领导力，是理想主义与现实主义高度融合的结晶。

首先，优秀的领导者，必须是想象力丰富、情感充沛的人。他对这个世界，甚至是宇宙万物始终充满了强烈的好奇，脑子里总是充溢着许多瑰丽飘逸、波云诡谲的奇思妙想（或者你把它理解成荒诞不经的妄想也行）。他们的鼻子能嗅到别人嗅不到的气味，眼睛能看到别人看不见的风景，耳朵能听到别人听不到的声音，皮肤能感觉到别人感觉不到的温度……总之，他们既是一群怪人，也是一群诗人；他们既不可理喻，又充满魅力；他们既远在天边，又近在咫尺；他们既让你恨，也让你爱；既让你爽，也让你痛……

看了这些文字，你的脑海里也许会闪过"大众情人"这样的字眼。没错，请相信你的直觉，卓越的领导级人物从本质上来说就是不折不扣的"大众情人"——他们极富魅力、气场强大，让人神魂颠倒、不能自已，总是情不自禁地卷入他们的小宇宙中，如痴如醉地跟着他们一起流浪、一起追梦、一起冒险，无论成功还是失败，无论进天堂还是下地狱，都甘之若饴、无怨无悔。

古今中外、各行各业，这样的超级牛人实在是璨若星河、不胜枚举。

因此，没有一腔热血，没有万千豪情，极难成为流芳百世的英雄。

也许有人会持不同观点：谁说只有"热血"才与英雄有关？冷血与铁血未必不能成就大英雄。东方的曹操冷血，西方的拿破仑铁血，他们不照样成为独霸一方、成就大业的英雄人物吗？

此言不假，却也要一分为二地看。一般来说，冷血和铁血背后一定藏着一个激情内核。某些英雄人物之所以表现得铁血无情，恰恰证明他们心中洋溢着过于浓郁、过于热烈的情怀，有一个过于崇高、过于浪漫的理想。为了这样的情怀、这样的理想能够变成现实，他们必须全力以赴，不能有丝毫闪失、妥协与软弱。这就是他们之所以会表现得如此强悍骁勇、如此冷酷决绝的一个重要理由。

无论是曹操还是拿破仑，均崛起于乱世之中，饱受山河变色之苦。因此，一统天下、复兴民族、富国强兵便成为他们心中至高无上的愿景和使命。为达此目的，他们必须拥有钢铁般的意志，必须处变不惊、杀伐决断、坚定隐忍。

不过，另一方面，冷酷的外表下，却隐藏着一颗炽热的心。

谁说在曹操身上只能看到冷酷无情？大家都知道此公除了枭雄的身份之外，还是个货真价实的大诗人，终其一生曾留下名篇无数。尤其是那篇经典的《观沧海》更是妇孺皆知、有口皆碑。"东临碣石，以观沧海。水何澹澹，山岛竦峙。树木丛生，百草丰茂。秋风萧瑟，洪波涌起。日月之行，若出其中。星汉灿烂，若出其里。幸甚至哉，歌以咏志。"——能写出这种文字、拥有这样情怀的人，说他不热血、不感性，如何说得过去？

拿破仑也不遑多让。这个身材矮小、其貌不扬的男人，不仅在法国女性心目中极富魅力，而且倾倒了无数法国男性，尤其是士兵。最经典的例子是：当拿破仑从第一次被流放的厄尔巴岛潜回法国境内时，他的身边只有数百名卫士。而奉国王之命前来捉拿他的大队人马在见到这位法国人民心目中的"超级英雄"后，居然纷纷倒戈，跟随拿破仑反攻巴黎！当拿破仑回到巴黎时，这支军队已经有三十万人之众！国王自知不敌，只能仓皇出逃。拿破仑轻松夺回天下，建立著名的"百日王朝"。

试想，如果拿破仑是个枯燥乏味、怪癖暴躁的人，他又如何能受民众如此厚爱，以致兵不血刃地再塑辉煌呢？

可见，无情未必真丈夫。如果说领导者与普通人之间有什么共性与交点，那么最大的交点就是：大家都是人。是人就有人性，是人就有感性。所以说，如果某个人能够成为其他所有人心目中的领导者、带头人，那么他绝对不可能不食人间烟火、没有七情六欲，是那种只有在童话故事中才会出现的虚幻人物；恰恰相反，他必然具有比普通人更强大的感染力，而且有能力将这种特质猛烈地释放出来，与普通人之间产生强大的共鸣，令后者不由自主地被其深深地吸引、折服，心甘情愿地跟随他开疆拓土、披荆斩棘，甚至为他赌上整个人生也在所不惜。许多人之所以会对优秀的企业家产生某种近似"偶像崇拜"的心理，在很大程度上就是因为这个原因。

因此，也许出乎许多人的意料，评价一个人是否具有领导者的气质，往往不是看他对团队成员的理性能有多大的操控力，而是要看他对团队成员的感性能有多大的影响力。这也就意味着，对于自己的领导力，现实世界中的许多老板和团队管理者都存在着极大的误解——他们以为团队成员对自己的服从、顺从乃至盲从是由于自己的个人魅力使然（亦即他们成功地俘获了团队成员的感性），其实事实正好相反，团队成员之所以会对他们表现出无条件服从的一面，恰恰是由于团队成员利用自己的理性在敷衍他们，对他们试图施展的所谓"魅力"表现出强烈的漠视甚至鄙视（亦即他们败给了团队成员的理性）。

总之，绝大多数老板和团队管理者其实都称不上是真正的"领导级人物"，因为他们仅仅披上了"领导"的外衣，却完全没有领导者的实质；仅仅在表面上操控了团队成员的行为，却远远谈不上俘获团队成员的心。而且，更大的悲剧恰恰在于：他们中的绝大多数人都被蒙在了鼓里，并未清醒地认识，甚至是意识到这一点，依然一厢情愿地以"领导者"自居、以"领导力"自傲，真是令人哭笑不得。

因此，在精神层面为团队成员赋予超强的能量，帮助他们超越认知层面的短期平衡关系，将"不可能"转化为"可能"，只有这种人才配得上"领导者"这个称谓。

从另外一个层面讲，这种赋能关系会衍生出深度依赖关系，这种依赖关系并非单向，而常常是双向的，也就是说，不仅团队成员会无条件地依赖团队领导，团队领导自己也会依赖自己身上的这些特质，并在思维底层形成团队成员"一定会无条件地依赖自己"这种自我心理暗示。

基于这种相互依赖心理的后果存在极大不确定性。运气好的话，它们能帮助一个团队步入天堂；运气坏的话，它们能把一个团队推进地狱。

团队领导毕竟也是人，而且是异常强大的人，这种强大不仅体现在人性的光明面上，也体现在人性的阴暗面上。由于他们太过强大、业绩太过彪炳，周围的人又太过顺从乃至迷信他们，所以他们常常会产生幻觉，过分高估己方实力、低估对手实力，这就容易让他们刚愎自用、利令智昏，从而导致昏招迭出、功败垂成。

古往今来，许多天才的英雄人物之所以常常会以悲剧收场，很大程度上就是这个原因。

关羽功高盖世，最终却因过度自我膨胀而败走麦城；刘备谦虚谨慎一辈子，却在决定命运的"伐吴"一战中鬼迷心窍，拒绝忠臣良言而赔上卿卿性命；拿破仑纵横天下、战功彪炳，却因贪念作祟走上侵略战争的道路，最终遭遇命运的"滑铁卢"……

因此，要想杜绝最坏的情况发生，只有一个办法，那就是坚守理性的底线。团队成员保持个性化的思考；团队领导自身也要加强修养，站稳脚跟——既然自己卓尔不群、贵为领导，那么不仅在感性方面要异于常人，在理性方面亦应如此。一般来说，如果团队成员已经发自内心地折服于某位团队领导，那么要求前者自律，在领导者强大气场与光芒的笼罩下保持清醒的头脑是极为艰难的，因此，"守住理性底线"这一点主要靠团队领导自身的自律。"自律"这一特质本身也是一种卓越"领导力"的体现。

☆ 小 结

真正的领导级人物与他的追随者之间的关系有点类似于恋爱关系，是人类荷尔蒙被充分激发的产物，有着某种奇妙的生物学特质。

引爆精神能量，助下属超越"不可能"

高度的感性与高度的理性相结合，是最理想的领导力配方。

问你一个问题：一位感性的团队领导与一位理性的团队领导，哪一个的下属（或者整个团队）执行力会比较强？

不出意料的话，你的回答肯定会是：前者。

没错。感性的领导带出来的团队，执行力往往会比较强。这恐怕是大多数职场中人的共识。

接下来，就让我们从感性和理性两个角度出发，对领导力这一概念进行一次彻底的解构。

其一，领导者的性格要感性一点。

总体上来说，要尽量做一个兴奋型领导。因为这样的领导者精力充沛、热情奔放、鹤立鸡群，容易成为众人瞩目的焦点、整个团队的核心。显然，这样的兴奋型领导必然会带出一支充满激情的兴奋型团队，并催生出强大的团队执行力。

其二，领导者的行为要感性一点。

走路带风、手舞足蹈，拥有丰富的肢体语言——这样的领导者做起事来雷厉风行、干脆利索，拥有极为强烈的人格魅力与感染力，极易刺激下属的肾上腺素分泌，从而带出一支团结、高效而强大的团队。

其三，领导者的语言要感性一点。

这样的领导者极少进行理性说教，而极其擅于感性鼓舞。他们往往口才极佳，说起话来声音洪亮、表情丰富、情绪激昂、措辞激烈，语言极富鼓动性。姑且不论他们的话是否具有真实的逻辑性，只要他们登高一呼，便会立刻应者云集。以这样的领导者为核心，团队的凝聚力不可能不坚固，执行力不可能不强大。

其四，领导者的理性不能丢。

如果说感性能够带来执行力，那么理性就与控制力有关。换言之，如果把感性比喻成团队的"油门踏板"，那么理性就是团队的"刹车片"。

就像任何一辆性能卓越的汽车，都不可缺少刹车片一样，对任何一个卓越的团队而言，理性与控制力都不可或缺。这是领导者的底线。领导者要确保最起码的理性，用以控制自己和下属旺盛的感性。

要知道，控制是领导力至关重要的构成要素。不擅于控制的人，是没有资格做领导者的。

其五，领导者要知人善用。

用理性的人谋事，用感性的人做事。一般来说，理性的人偏悲观，较为内向、保守；感性的人偏乐观，较为外向、冲动。前者执行力较弱，凡事瞻前顾后、左思右想，不考虑周全绝不轻举妄动，常会给人留下优柔寡断的印象；而后者执行力较强，常常点炮就响、行事草率，凡事不过大脑、不顾后果，手脚先行、干了再说，常会给人带来"莽撞人"的感觉。显然，这两种人各擅胜场、各有其用。

前者应该主要用来谋事，从而减少风险；后者应该主要用来做事，从而提升效率。两者相辅相成，必成大事。

其六，领导者要"育人为本"。

不夸张地说，与"管理"（或"领导"）相比，"育人"才是领导者的本职工作，是领导者最重要的工作，且没有之一。这一点的重要性怎么强调都不为过。

在"育人"过程中，领导者要善于用感性刺激下属的学习动机，与此同时，也要善于用理性提升下属的综合素质。

总之，感性与理性都是领导力的重要构成要素。一般而言，感性的人执行力强、控制力弱，理性的人执行力弱、控制力强。没有强大的执行力，团队便失去了存在与发展的基础；没有强大的控制力，团队则极有可能走火入魔、误入歧途。

因此我一直认为，高度的感性与高度的理性相平衡，是最理想的领导力配方。能同时兼具这两样要素的人，是领导者中的极品。

经典的案例有很多，当今世界最伟大的一些商业领袖、时代弄潮儿，无一不是将极度的感性与极度的理性集于一身的领导力大师。

如果做不到这一点，那就要刻意寻找合适的工作伙伴，以弥补自身短板。具体地说，就是感性的人要尽量以理性的人为伴，反之亦然。

这样的案例也有不少，比如说腾讯老板马化腾与"微信之父"张小龙的搭配堪称一绝。前者偏理性，持重老成、不善言辞；后者偏感性，天马行空、我行我素。前者负责掌舵、提供支援，后者冲锋陷阵、纵横驰骋。有了这样的搭档，腾讯想不一飞冲天都难。

张小龙充满了创造力，工作状态往往是跟着灵感走；而马化腾要保证公司的正常运转，就必须维护公司制度的有效运作，因此更理性一些。位于深圳的腾讯总部每周都要召开例会，广州和深圳之间的距离也不过是两小时的车程。然而，身居广州的张小龙总是以"早上起不来"为借口不去参加会议。为了迁就他，马化腾就让自己的秘书一大早叫醒他。只不过，即便起了床，张小龙还是不愿参加会议，理由是路上太堵，怕赶不上。本以为这样马化腾就会放弃，可没承想这位马老板极有耐心，每周开例会时都会派专车准时到楼下来接他。这样，张小龙再也没有借口不参加会议了。

或许马化腾是这么认为的：天才，在某一个方面会很弱，在其他方面却会很强。所以，对于天才弱的一面，你必须要呵护与容忍，只有这样他们才能成长壮大，将自身强的一面发挥到极致，为你创造惊人的价值。

宽容和信任成就了"微信"，成就了"腾讯"。

如果腾讯不是上市公司，我们可能永远无法知道马化腾给高管发工资有多么慷慨。年报显示张小龙的年薪大约是 2.74 亿港元。注意！不是百万年薪，不是千万年薪，也不是亿万年薪，是将近 3 亿的年薪！

据业界权威专家分析，之所以会出现这样的情况，一方面是因为马化腾爱惜人才；另一方面，就是张小龙本人的贡献实在过于巨大。一个"微信"的横空出世，便使腾讯帝国的事业成功地跨越到移动互联网时代，可谓"独臂擎天""居功至伟"，理应享此殊荣、受此厚遇。

类似的"马张配"的案例也很多。比如说"马（云）蔡（崇信）配""乔（布斯）库（克）配"等，都是经典中的经典，绝配中的绝配。他们一个张扬外放、一个保守内敛，进可攻、退可守，浑然天成、无懈可击，难怪会成就各自领域的霸业。可见，强烈的感性与强大的理性之于领导力是多么的重要。

既然如此，剩下的问题就是如何在同样强大的理性与感性之间自如切换，游刃有余了。这便涉及控制力。毫不夸张地说，对高明的领导者而言，即便是感性的部分，也可以用理性予以控制。说白了，这其实是一种情绪和行为的控制能力。

举个简单的例子。

发火，是一种典型的情绪表现，从表面上看似乎是一种纯感性的东西，其实不然，这里面也完全可以有理性要素存在。比如说，什么时候该发火，把火发到什么程度，需要取得什么样的效果，以及什么时候该收手，等等，都存在理性控制的空间。高明的领导者在情绪和行为的控制方面，完全可以做到伸展自如、游刃有余。

所以，尽管有些卓越的领导者常常被称为"真性情"，其实这样的"真性情"也往往在某些方面是受控制的，只不过不易被外界察觉罢了。

三国时的刘备，便是个中高手。众所周知，此人运用眼泪的能力，臻于炉火纯青的境界。无论是搞定诸葛亮、赵云，成功组建一支梦之队，还是巧夺荆州安身立命并拿下西川成就霸业，在人生、事业的每一个节骨眼儿上，刘备的眼泪几乎从未缺席，而且鲜尝败绩。

许多人将其归因于刘备的真性情，殊不知真正成大事之人，仅凭"真性情"又如何能如愿？

不可否认，刘备乃性情中人，但任何"任性"之人都不可能成大器、做大事。

毫无疑问，刘备的"性情"是受到严格控制的，什么时候用、对谁用、用到什么程度、用过之后大概会收到什么效果、针对不同效果需要采用什么样的应对方式等等，所有这些细节都是有讲究、有火候、有评估的，绝不是滥用、任性。

换言之，对领导者而言，感性是需要发挥，而不能"发作"的。前者受控于理性，而后者则完全失控；前者需要"沙盘推演"，而后者则完全源于本能。显然，只有做到前者，才是一个真正合格的领导。这便是控制力之于领导力的具体体现。古人如此，今人亦如此。华为掌门人任正非，便是一个典型的例子。

许多人都听说过这样一个段子：任正非在创业初期曾"威胁"公司的研发工程师——如果你们的研发项目失败，我就从公司大楼上跳下去。

老板的这一举动令研发团队倍感震惊，也极大地激发了他们的斗志。后面的故事大家都知道了——项目获得成功，华为从此步上发展的快车道，创造了无数神话，续写了无数辉煌。

现在问题来了，如果当初那个项目最终失败，任正非是否真的会从楼上跳下去？答案显然是否定的。第二个问题，老板说要跳楼，研发团队的员工们是否真的相信了他的话？答案不那么确定，但大体上应该是否定的。

没错，在公司生死攸关的节骨眼上，任正非确实动了"真性情"。这既符合逻辑，也符合情理。不过，这样的真性情并没有脱离理性的控制，主要是为了激励员工的斗志，这一点毋庸置疑。可即便这样，这种真性情的流露，对下属员工来说也极富感染力与震撼力，确实是一种巨大的刺激，给他们提供了强大的动能。即便理性上知道"老板不会动真格的"，可感性上依然会被老板的举动所震惊、所感染。这便是人性最真实的体现。对此任正非心知肚明。所以他的举动是有着严格"沙盘推演"托底的，一切尽在掌握，绝非任性妄为。

这便是控制力的精彩体现——感性与理性轮番出场，各司其职、各展其妙，交相辉映、相得益彰。领导做到这种程度，其领导力便臻于化境，登峰造极了。

顺便说一句，中国人是控制理论的鼻祖。控制之道，就是中庸之道。在政治经济学中，这一理念也被称为"钟摆理论"。简单点说，就是不走极端，四平八稳；万一走过头，一定要及时矫正过来。然而，这并不意味着简单地"取平均值"或者"取中间点"，而是找平衡、图稳定。

"平均"和"平衡"是两个完全不同的概念。"平均"的状态，既有可能是"平衡"的，也有可能是"不平衡"的。就好像一杆秤，秤砣并不一定放在正中间才能找到平衡。秤砣的位置，甚至重量的大小，完全由被秤物体的重量决定。领导力也一样，感性多一点还是理性多一点，并不一定非要五五开，而要根据实际情况，随时调整，因地制宜、有的放矢。比如说，执行力强大的团队可以多一些理性，反之则要在感性方面多发发力；成熟的团队可以多一些感性，不成熟的团队则可以多一些理性。

总之，中庸是控制力的精华，也是领导力的极致。中国自古便有"中庸其至矣乎，民鲜能久矣（中庸是最极致的价值观，却鲜少有人能够真正做到）"的说法，也有"人心惟危，道心惟微；惟精惟一，允执厥中（人心叵测，正确的价值观并不容易得到遵守；所以必须专业，必须专一，凡事力求公允、不偏不倚，才能达到最佳的治理效果）"的古训，这些古人的智慧传神地道出了领导力的精髓所在：人是这个世界上最复杂的动物；管理人是这个世界上最复杂的事情；由此，管理（即领导）的秘诀在于，不走极端，确保中庸，加强控制。唯如此，方可持续；非如此，不可长久。

此为"善治"与"恶治"之分，亦为"帅才"与"庸才"之界。

☆ 小 结

如果说感性能够带来执行力，那么理性就与控制力有关。换言之，如果把感性比喻成团队的"油门踏板"，那么理性就是团队的"刹车片"。

/// 自律力 ///

舒适圈里永远孕育不出领导力

伟大的领导力，不是从天上掉下来的，而是"修行"出来的。

通过前面的文字，我们已经知道：领导力既与感性有关，也与理性有关。如果能同时拥有强大的理性与感性，就是领导者中的极品。不仅如此，卓越的领导者还要拥有强大的控制能力，能让自己在理性与感性之间自如切换、游刃有余。

现在问题来了，这些卓尔不群的素质，是与生俱来的吗？伟大的领导者，都是天生的吗？答案显然是否定的。

没错，绝大多数伟大的领导者，都是不折不扣的天才，都在某种程度上具备了成为一名卓越领导者的天赋。不过，大量的科学实践也一再证明了一个真理：天才与蠢材之间，真的只有一线之隔，绝非人们通常认为的那样，存在不可逾越的鸿沟。

换句话说，一个人是否能够成为卓越的领导者，这里面固然有一些先天的成分，但更多的决定要因是后天的。举个简单的例子。

幼年的丘吉尔，是一个天资愚钝、不善言辞，甚至有些口吃的孩子。这些不足及毛病一直延续到他的青少年时期。后来，要强的丘吉尔通过大量练习，扬长避短，终于拥有了雄辩的口才，成为人类历史上屈指可数的演讲家，留下无数震撼人心、精彩绝伦的演说佳作。

显然，后来的丘吉尔之所以能够成为举世驰名的大政治家，并通过领导第二次世界大战中的盟军战胜纳粹德国，进而极大地影响了世界历史的进程，均与这一点有着莫大的关系。

可见，领导者的天赋并不是唯一的决定要素，甚至在很多情况下无关紧要；想成为一个真正卓越的领导者，最重要的一点，还是要加强后天训练。那么，卓越的领导力与领导者，又是怎样炼成的呢？

最重要的一点，就是要培养自控力，也就是我们常说的自律能力、自我管理的能力。常言道"一屋不扫，何以扫天下"。同样的道理，一个连自己都管理不好的人，又如何能管理好他人呢？不客气地说，缺乏自我管理能力的人，何止没有资格做领导者，甚至连做一个成年人的资格都没有。这样的人，充其量是一个发育严重滞后的"巨婴"罢了。

如果把下属比作"演员"，那么领导就是"导演"。导演是什么人？是控制一切的人。既要控制别人，也要控制自己。主动权永远掌握在自己手里，连自己都是自己的"演员"。因此，领导力的一个最重要特质，就是无所不在的控制——随时随地地控制，无时无刻地控制。

这正是一种"修行"的状态。伟大的领导力，不是从天上掉下来的，而是"修行"出来的。通过这样的长期修炼，得来的正果，古人称之为"道"（或"仁德"）。

"道也者，不可须臾离也，可离非道也（正确的价值观，是片刻也不可离开的；能够离开的东西，绝不是正确的价值观）""君子无终食之间违仁，造次必于是，颠沛必于是（真正的君子，片刻都不会放弃对正确价值观的追求与修行，哪怕是吃饭休息的时候，哪怕是千钧一发、颠沛流离的时候，都不会放弃）"。

看见了吗？无论是人前人后、群居独处，也无论是公事私事、工作休息，修行都是一件"片刻不得歇"的事情。这件事不是做出来给别人看的，甚至不是做出来给自己看的，而完全是一种自我圆满、自我完善乃至自我革命的事情。

从这个意义上讲，这其实是一种哲学意义上的修行，是对一个人人生观、价值观以及世界观的淬炼与升华之举。可见，会做领导者之前，要首先会做人。只有一个出色的人，才能成为一个出色的领导者，反之亦然。所谓"修身、齐家、治国、平天下"，就是这个意思。这是有逻辑和先后顺序的，且绝不可颠倒错乱。

那么，自律到底都有哪些特征，在具体操作中又应该注意哪些要点呢？换句话说，"修行"这个事儿，到底应该如何进行呢？

首先，让我们来看看自律的本质到底是什么。总体而言，自律这件事儿是一件"非舒适"的事情。理由很简单，任何"舒适"的事情，是用不着自律的。无须用到任何强制力，自己就会主动去做，并乐在其中。"非舒适"的事情则不然，这是需要一定强制力才能做到的事情。这样的强制力分为两种，一种来自外部，一种来自内部。显然，自律的强制力来自内部，属于"自己强制自己"；反之，如果这样的强制力来自外部，就是典型的"他律"。

当然，在一定程度上利用"他律"的手段来达成自律的目的也是有可能的。举个例子，比如说立志健身的人每天都会在朋友圈"打卡"，很大程度上就是一种通过"他律"的形式强化自律，亦即通过他人的监督（包括来自朋友们的赞赏，都在事实上构成了"监督"），来实现自己"将健身坚持下去"的目的。关键在于，这种寻求外部强制力的行为，是自己主动发起的，而不是外人强制的，因此依然可以构成自律。

如果一件事情过于"不舒适"，人们是很难坚持下去的。因此"修行"的过程，也就是追求自律的过程，必须具备一个基本特征，亦即这种非舒适性必须逐次递减，而不能相反。用十个字来概括的话，这是一个"勉强成习惯，习惯成自然"的过程。

既然是"勉强"，那么发起自律的初期阶段，一定是非舒适的，而且这种非舒适的程度一定是最强烈的；然后，随着逐渐适应，逐渐养成习惯，非舒适的程度会逐次降低，变成一种相对"自然"的状态。进入"自然态"之后，是否会变得"舒适"了呢？

答案依然是否定的。这样的"自然态"，尽管确实会有"舒适"的成分存在，但其基本底色依然是"非舒适"的。这一点不会改变。反之，如果改变，那么"修行"和自律，也就失去了其根本意义。举个简单的例子。比如成年人每天去公司上班，孩子每天去学校上学，这些都是典型的"勉强成习惯，习惯成自然"的过程，换言之，都是典型的"修行"，典型的自律。只不过自己没有意识到罢了。

那么，上班也好，上学也罢，这些事情有没有舒适和愉悦的成分呢？当然有。如果没有的话，相信极少有人能够坚持下去。然而，这些事从根本上来讲，算得上一种令人舒适和愉悦的享受吗？

当然不算。否则很难解释为什么上班族和学生会如此渴望、如此享受"假期"这种事物，又或者哪怕偶尔生个病偷个懒儿，都会觉得是一件蛮幸运、蛮幸福的事儿了。

也许有人会有不同见解：你说得不对！那些极端享受工作过程的人，照样会需要假期，享受假期。可这并不意味着他们的工作从总体上来说是一件"非舒适"的事情。

其实任何舒适的事走过头，都会带来较为强烈的非舒适感。因此要学会用自律去控制舒适的程度，以防物极必反。就好像玩手机，这件事本身是舒适的，可如果自己已经深度疲劳还不能停手，就是一种痛苦了。这时，强迫自己停手休息便是典型的自律，甚至是自救行为。尽管这一行为也绝对谈不上舒适（因为这就意味着要离开自己所钟爱的事物），可与"继续沉湎"所带来的疲劳与痛苦相比，"暂时抽离"所导致的失落感更容易忍受，也更可取。

可见，自律与"修行"，从本质上来说是一种"轻度非舒适"的状态。这种状态虽谈不上美好，却绝对可忍受，所以可长久、能坚持。

有人可能会说，人生苦短，理应及时行乐，为什么要把日子过得这么苦巴巴的呢？这不是自己虐待自己吗？

恭喜你，你抓到重点了。从本质上讲，这就是修行与自律的底色。为了方便理解，可以换一个词，磨炼。这是什么意思？就是做非舒适的事，忍受非舒适的过程，以此来磨炼意志，强大内涵，获得成长。

比如说健身，就是通过虐待肌肉来强大肌肉；成长，就是通过经受挫折来使自己更强大。没有虐待，便没有强壮；一如没有付出便没有收获一样。而自律，就是一个自己虐待自己的过程。只不过这种虐待的程度要可控、可忍受，方可长久，是为"修行"。

没错，渴望享受是人的本能。问题在于，这样的享受是否具有可持续性？

这是一个"先苦后甜"还是"先甜后苦"的逻辑。不愿经历锻炼的苦，便要忍受疾病的痛；不愿忍受学习的罪，便要经历生活的穷。一如没有付出便没有收获，自律时的非舒适，就是为了"成功"后的舒适。前者的程度是"适中"，后者的程度是"极致"。以"适中"的非舒适换取"极致"的舒适，显然是划算的买卖，是值得尝试的。

这就是"修行"与自律的意义。

☆ 小 结

常言道"一屋不扫，何以扫天下"。同样的道理，一个连自己都管理不好的人，又如何能管理乃至领导他人呢？

/// 成就感 ///

目标太高易挫败，目标太低没挑战

> "鸡肋"的好处在于，一方面，它通过"食之无味"的特点降低了自律的门槛；与此同时，它又能以"弃之可惜"的特征提升自律的可能性。

领导力就是修行，就是自律。那么自律又是什么呢？就是长期地、不间断地做一件事。

这是世界上最简单的事，也是世界上最难的事。既简单又难，看似自相矛盾，却是事实真相。那么，这样自相矛盾的状态，容易让我们想起什么？没错，是"鸡肋"。食之无味，弃之可惜，就是典型的"自相矛盾"。

既然如此，我们便不妨从鸡肋的状态获取灵感，去研究一下自律的操作方法。

显然，"食之无味"，是事物的消极面；而"弃之可惜"，则是事物的积极面——这就是我们的出发点。从这里出发，我们就有可能以最低的成本和最容易的方式去接近自律的终极目标。

换言之，"鸡肋"的好处在于，一方面，它通过"食之无味"的特点降低了自律的门槛；与此同时，它又能以"弃之可惜"的特征提升自律的可能性。两者相辅相成、互为因果，便能极大地增加自律的可操作性。

为什么这么说呢？

让我们把"鸡肋"与"鸡腿"和"鸡屁股"做一下对比。所谓"鸡腿"，就是下极大的决心，付出极大的代价去做一件极具价值的事情；所谓"鸡屁股"，就是无须下决心，也无须付代价去做一件价值很小的事情。

在这两种情况下，会发生什么？

会让自律缺失乃至消失。

为什么会这样？

这里面有一个心理学的奥秘，那就是人们在坚持的过程中，如何看待自己与他人的感受。过分在意自己与他人的感受，抑或过分不在意自己与他人的观感，都不大可能带来持续的坚持，亦即无法让人做到真正的自律。

前者门槛太高、代价太大，一旦中断会给人带来强烈的挫败感和自责心理，从而引发彻底的放弃；后者则从一开始便无法提供足够的动机，也容易引发彻底的放弃。显然，这两种心理状态都是自律的天然杀手。

因此，做到真正的自律往往需要某种中庸心理，而这种中庸的状态，说白了就是典型的"鸡肋"。也就是说，与下极大的决心，去做一件极具价值的事情相比，抑或与下极小的决心，去做一件几乎没有价值的事情相比，下一般的决心，去做一件价值一般的事情，坚持的可能性最高，成功的概率也最大。

也许有人会说：下一般的决心，做价值一般的事情，多没劲，多没有成就感啊！恭喜你，你找到问题的要害了。自律最大的杀手，就是贪心，就是成就感。

必须承认，贪心是人的本能，追求成就感是自然的事情，完全无可厚非。可问题也恰恰出在这里。我们知道，成就感既可以来自舒适圈（通过做自己喜欢的事获得），也可以来自非舒适圈（通过做自己不喜欢的事获得）。所有需要自律的事都属于典型的非舒适圈，而源自非舒适圈的成就感与"门槛"成正比，与挫败感是一对孪生兄弟。门槛越高，成就感就越大。强大的成就感既能成为坚持的动力，也能成为坚持的阻力。因为贪心，人们会不断地拉升门槛，至少不能降低门槛，以求能够持续获得高强度的成就感。然而，这样的成就感代价不菲，而且代价会越来越大，迟早会变成如山的压力，让你不堪重负、心生畏惧，从而彻底败下阵来。

注意，这是一个关键的瞬间：此时，巨大的成就感会迅速演变为巨大的挫败感。前者有多强烈，后者就会有多猛烈。一般人极难承受这种程度挫败感的打击，因而极易造成自暴自弃的结果。

这还不是最坏的情况。更糟糕的是，由于这种挫败太过深刻，给你带来的痛苦太过严重，从此往后，你会变得心有余悸，再也不肯做第二次尝试。这就是"一朝被蛇咬，十年怕井绳"的道理。

换言之，高强度的成就感，会从一开始便彻底埋葬你做"二次挑战"的可能。等于你的面前只留下一条路：不成功，便成仁。必须一把成，没有第二次机会。显然，"成功"的人少，"成仁"的人多。毕竟我们都是凡夫俗子，没有几个人能创造所谓的"奇迹"。在这件事上，绝大多数人都会严重地高估自己。

可见，成就感是一把双刃剑，既能成就你，也能毁灭你。在自律这件事上，过于强烈的成就感往往是负面的，有极大的害处。至少在事物的初期是这样。既然成就感的强弱与事物价值的高低有关，那么在自律习惯养成的初始阶段对于事物价值与自身成就感的追求便一定不可过于贪心，一定要有足够的耐心。要循序渐进、步步为营，不可一蹴而就、急于求成，否则将适得其反。

事实上，往往从中长期来看最有价值的事情，在短期内你是看不到它的真实价值的，会觉得很"鸡肋"。而恰恰是这种很"鸡肋"的感觉，有利于你降低预期、拉低门槛，比较容易地做到相对完整的坚持。

没错，这种程度的坚持确实容易引发间歇式中断，可这样的中断却不会给你带来过于明显的挫败感，从而令你在短暂的中断后还能相对容易地重新捡起来，继续做下去。

这是一个简单的逻辑：与猛烈地、持续地坚持一段时间，然后不堪重负，彻底放弃相比，时断时续的坚持是真正的上策；同样的道理，与一开始便完全不能或不值得坚持相比，时断时续的坚持也是真正的上策。这就是"鸡肋"的价值，也是"坚持"与"自律"的奥秘。

这方面的案例在现实生活中屡见不鲜，最经典的莫过于"减肥健身"了。在减肥与健身这件事上，为什么大多数人都不乏强烈的决心，也不乏实际的行动，却往往很难做到自律，很难坚持下去呢？一个重要原因，就是因为绝大多数人都走了"鸡腿"路线，忽略了"鸡肋"的价值，结果最后只能品尝"鸡屁股"的苦果。

逻辑是这样的：既然要减肥健身，必然要有一个具体目标，并拿出实际行动。比如说一个月内要减重7.5千克，为达此目的，你必须坚持每天健身一两个小时，而且必须是大运动量、高强度的训练。

于是，每天必须练器械、跑楼梯、长跑3千米，累得汗流浃背、气喘吁吁，一头栽到床上跟死猪似的起不来。可是那种身体被掏空、灵魂出窍的感觉，那种隐隐的肌肉痛，却是一种说不出的享受，给人满满的幸福感和成就感。

第二天一大早，你的心情既有几分压抑，又有几许期待。压抑的是"今天又要面对那一至难时刻"，一想到这里便让人头皮发紧、眉头紧蹙；期待的是"一旦闯过这一关，又可以享受巨大的成就感，享受那片刻的满足与幸福"。

带着这种矛盾的心情，你终于迎来了那又爱又怕的健身时间……

不过，尽管有成就感，尽管有期待，日复一日的煎熬还是让你有些吃不消。你的脑袋里有两个分身在不断地干仗：一个大叫"放弃吧，你不行。你是一个没出息的人"；一个高呼"坚持下去，你行的！你是一个有出息的人"。

从内心来说，你是希望后者代表真正的自己。于是拼命地想忘记，至少忽略前者；可是却沮丧地发现，前者竟然阴魂不散，牢牢地占据着你的心。并且日复一日地扩大战果，让你疲于应付、狼狈不堪。

这时，一根救命稻草忽然落到你的头上：或者不慎得了一场小病，或者刚好上司派你去外地出差……总之，一个特别"正当"的理由被你抓住，可以让你理直气壮地，没有任何负罪感地向全世界宣布：这几天我可以暂时休息，不必健身。

你会感到万分幸运，浑身释然，神清气爽，油然而生一种巨大的解脱感。

换言之，你的"暂停"不是因为自己没毅力、没出息，而是因为某种"不可抗力"使然。这个事儿非你能左右，因此与你无关，你无须为此自责。

接下来才是真正的重点：当暂停期过去，一切恢复常态，亦即你的理由失去正当性之后，你会恢复健身锻炼吗？

也许会。起码你自己要跟自己这么说，以显示自己还是有种的，有出息的。只不过，你会掉进一个"明日复明日"的怪圈，总会给自己找一个或若干个"过两天再说"的理由——过两天，放心，过两天我一定会重新开始，决不食言！

当然，结果大家都清楚：你一定会食言。因为那段不堪回首的日子实在是让你太痛苦、太难受了，无异于一场梦魇，让你想想都会心有余悸。之所以你会不断拖延"重新开始"的时间，其根本原因就在这里。只不过你不愿意真心面对罢了。

这样久而久之，一切也便自然而然地结束。尽管不会明说，可其实你已经接受了那个"没有出息"的自己。至少在减肥健身方面是这样。既然如此，既然没有出息，你也没必要再重整旗鼓，去做新的尝试。也许这件事一辈子都会从你的"做事清单"或"大事清单"中删除；也许未来的某一天出于某种契机，或受到某种刺激,你又会将其写入这份"清单",然后再删除、再写入……最后还是无果而终、不了了之。

这便是一个典型的"鸡腿"变"鸡屁股"的过程。不只是减肥健身,任何一个需要你坚持的事,养成自律习惯的事,大体上都会遵循这样一个逻辑。

可见,"鸡腿"是不靠谱的,真正靠谱的只有"鸡肋"。那么,"鸡肋式自律法"又应该如何操作呢?

让我们来看一下:

首先,你无须为自己定一个明确的目标,更不用说过高的目标。

减肥健身这件事,本来不是一朝一夕之功,而是需要做一辈子的事。因此,你的关注点应该是"做",而不是"做多少"或者"做到什么程度"。

如果有时间、有精力也有欲望,你可以做一两个小时,否则,即便每次只做几分钟甚至几秒钟都是好的。这便是"1 大于 0"的道理。

没错,这样一来,效果是不明显的,甚至完全没效果。不过没关系,你的重点不是追求"效果",而是追求"坚持",追求习惯。

只要每天都"做",甭管做成什么样、做多久,最起码"做"这个动作会在你的大脑皮层留下一个兴奋点——这一点很关键。只要有这个兴奋点,你就不至于放弃,就能坚持下去。等你慢慢地习惯了"做"这个动作,迟早有一天你"做"的时间会延长,"做"的强度会增加。然后就会有效果,就会有成就感。尽管只是小小的成就感,也足以给你提供动力,让你继续"做"下去。天长日久,一切便会水到渠成、瓜熟蒂落。

这样的做法还有一个好处,那就是中途暂时的间断不会再成为一个问题。哪怕中断了半个月,你也可以轻松地重新捡起来,轻松地越过这一断层——因为你要面对的,无非是几分钟乃至几秒钟的"做"而已。这个小小的门槛对你而言不再是障碍,完全可以轻松跨越。这样时断时续地坚持一年半载,习惯也能养成，自律也能成形。一旦形成自律，那些断点便会慢慢连成一条直线，时断时续的现象必然会逐渐减少，你便能长久地坚持下去了。

关键在于，千万不要轻视那每天的几分钟乃至几秒钟。一定要明白，你在做的不是一件毫无意义的事，而是一件价值千金的事；不是一件丢人现眼的事，而是一件伟大正确的事。

事实上，只要你真正想明白这个逻辑，真正在脑袋里转过那道弯，跨越那层心理障碍，一切便会峰回路转、豁然开朗——哪怕每天几分钟乃至几秒钟的"做"，也就是没有任何效果的"做"，也会给你带来小小的满足与成就感。因为你追求的目标不再是"效果"，而是"自律"这种状态本身。后者的价值远大于前者，而你已经离后者越来越近，当然可以为自己骄傲，理直气壮地得到成就感，亦即源自"自律"本身的成就感。这样发展一段时间之后，自律必然会带来"效果"，从而激发源自"效果"的成就感。两种不同性质的成就感合二为一，便会产生强烈的共振，成倍地放大你的成就感，强化你的做事动机，进一步刺激一个新的良性循环。久而久之，你便可大功告成、完美收官。"食之无味，弃之可惜"，"鸡肋"的价值与妙处，正在于此。

我们需要做的，无非是在手中握有"鸡肋"的时候，要强制性地扭转自己的固有思维，真正做到"不以为耻，反以为荣"；而在手中握有"鸡腿"的时候，则要冷静三思，做反向操作。这是一个典型的脑筋急转弯游戏，也是一个彻头彻尾的"洗脑"过程。

☆ 小结

成就感是一把双刃剑，既能成就你，也能毁灭你。在自律和坚持这件事上，过于强烈的成就感往往是负面的，有极大的害处。

/// 知识力 ///

思想的深度，决定了领导力的强度

> 对管理者而言，重要的是经验；而对领导者而言，重要的则
> 是学识。

说到这里，相信我们已经能够达成一个共识：领导力，首先与个人素质有关。换言之，"做领导"的前提是"做人"。只有高素质的人，才具有做领导的资格。

那么，"素质"这个东西从何而来呢？

从"修炼"而来，而"修炼"这件事，需要的是强大的自律能力。

所谓"吃得苦中苦，方为人上人"，就是这个道理。

那么，当我们提到一个人的"素质"的时候，最先想到的是什么呢？

毫无疑问，是知识、学识。

从结论上讲，没有知识的人有可能成为一个好的管理者，却几乎没有任何可能成为一个好的领导者。

理由很简单，对管理者而言，重要的是经验；而对领导者而言，重要的则

是学识。

经验的好处在于，能让人清楚地看见事物的表象和局部；而学识的妙处在于，能让人深刻地洞察事物的本质和整体。前者看得近，后者看得远；前者看得浅，后者看得深。

显然，善于前者的人可以搞管理工作，负责"落实"；而善于后者的人擅长领导工作，精于"擘画"。两者的性质不一样，格局不一样，功能也不一样。因此，一般来说，前者会是后者的"下属"，后者会是前者的"领导"；前者是将才，后者是帅才。这便是"领导力"与"管理力"（或"执行力"）的区别。

当然，两者会有交集（相同或相近之处），但更多的则是并集（不同之处），不能清醒地认识到这一点，是掌握不到"领导力"的精髓的。这两者之间最大的不同，就是知识，是"学习"的意识与能力。

之所以有太多的管理者自以为拥有了"领导力"，却常常发现自己在"领导"这个事儿上鞭长莫及、处处受制，一个重要的原因，就在于他们过于在意"经验"与"实践"，而轻忽了"知识"与"学习"。换言之，他们最大的命门在于：尽管经验丰富，是一个"江湖老手"，却由于知识的匮乏，而始终无法具备较高、较全面的个人综合素养；一个素养不高的人是无法具备真正的领导力的。

放眼古今中外，无论在哪个领域，那些能够打下一片"江山"，并能成功地守住这片"江山"的人，无一不是才高八斗、学富五车之人；那些目不识丁的草莽英雄即便能打下一片"天"，可成功守住这片"天"的概率往往极低，极易在短时间内失去已然到手的成功果实。这便是"知识"的力量，也是"领导力"的底色。

需要强调的是，知识的获得未必要通过学校，却必须来自书本。许多人都有这样的误解，认为知识可以在实践中"摸索"出来，"泡"出来，所以不用看书，只要每天过日子，每天上班工作，自然会获得知识。这是一个大错特错的观念，其危害性无论怎么形容都不过分。

这里面就有一个系统学习和非系统学习之间的逻辑关系问题。显然，从实践中"泡"知识的方法，属于非系统学习；只有从书本中"学"知识的方法，才属于系统学习。那么，系统和非系统学习之间，到底有什么差异呢？最大的差异，就是"积累"，特别是"有效积累"。这是一个量变与质变的关系。

具体地说，从实践中"泡"出来的东西，严格意义上讲不能叫"知识"，只能叫"经验"。由于"泡"是一种漫无目的的非系统性行为，通过这样的方式得来的经验往往非常分散、非常浅薄、非常受限，很难形成有效积累。没有量的积累就无法达成质的变化，没有质的变化便也无法转变成真正意义上的知识。

"看书学习"则不同。任何书籍都是一个系统性知识的载体。换言之，书本里的知识是自成体系的，不同的内容之间有着严密的逻辑和千丝万缕的内在关系，这就确保了学习的系统性、连贯性，能够让知识得到有效积累。有了量的积累就会引发质的变化，最终会从根本上提升一个人的综合素质。

不只如此，实践中得来的经验是直接的，书本中得来的知识则大多是间接的。这就意味着，"经验"这个东西范围太窄，太受限制；而"知识"则不同，它的范围要宽广得多，能够极大地弥补个人在经验上的不足，有效地拓展个人在综合素养上的深度和广度。

当然，这么说并不是否认实践的重要性。实践当然很重要，但离开了书本的实践，是盲目的实践，其效率极低、效果极差。不客气地说，这样的实践在很大程度上是生命的浪费、人生的蹉跎。之所以这个世界上的绝大多数人都能在自己有限的人生中经历无数实践，积累海量经验，可真正具有较高、较全面的个人综合素养，真正能够修成正果，加入"成功人士"行列的人却始终凤毛麟角，其根本原因就在这里。这便是有效实践与无效实践、有效积累与无效积累、有效经验与无效经验之间的差别。

古人云：书中自有黄金屋，书中自有颜如玉。显然，这些话绝不是说着玩儿的。那么，一个合格的领导者，应该具备什么样的知识结构和综合素养呢？有如下几个要点：

要点一：素养。

卓越的领导者，首先应该是一个"博学者"，至少是"杂学家"，涉猎要广，肚子里的东西要多。这便是"通识"的概念——不一定要专精，却一定要博学，也就是所谓的"博而不精"。古今中外，但凡有所建树的领导者，大多是典型的"杂学家""通识家"。他们博览群书，爱好广泛，在许多令人匪夷所思的方面均有卓越的表现。

英国前首相丘吉尔，既是卓越的政治家，也是出色的画家和文学家；美国开国元勋杰斐逊，既能起草《独立宣言》，也在建筑学、机械工程学、植物学甚至考古学方面颇有造诣。至于中国就更不用说了，古代帝王中的文人骚客、丹青大师不胜枚举；现代伟人中的诗人与哲人更是震古烁今，名满天下。

可见，从终极意义上讲，领导力拼的是"文化"；而"文化"是一个极度开放、极度包容的概念，可谓"包罗万象""博大精深"。

因此，没有足够的涉猎和积累，是极难拥有领导力的。巴菲特的好搭档查理·芒格认为，要想在二十一世纪做一个成功的领导者、企业家，知识结构压倒一切，需要涉猎的知识范围包括人文科学和自然科学的方方面面。也就是说，除了管理学之外，还要涉足文学、哲学、历史学、数学、物理学、化学、工程学等学科，只有这样才能跟上乃至驾驭时代发展的潮流，让自己永远立于不败之地。

当然，人无完人，更非超人，样样通、样样精，既无可能，也无必要。可哪怕是浅尝辄止的涉猎，也会让人所获匪浅，受益终生。不过，即便如此，将精力平均分配给所有这些学科显然不是聪明的办法。拓展知识结构这码事，也有其内在的逻辑和顺序。

这里的重点，在于"哲学"。学习哲学，是打开包罗万象的知识宝库最为神奇的钥匙。一个很有意思的现象是：政治家，往往能够一通百通，无所不能。他可能没有上过一天军校，却能指挥千军万马；没有学过一天经济与管理，却能成为中兴之臣；专业是人文科学，却能领导一群自然科学家攻坚克难；专业是自然科学，却能在文学艺术方面发挥卓越的领导力……为什么会这样？

一个很重要的原因在于，大体上来说，政治家都是哲学家；而哲学的一个最大特点就是，它能帮助我们参透事物的内在客观规律：无论事物的外在表象有多么的不同，其内在逻辑都是一脉相通的。比如说，音乐与科学之间，有没有关系？医学与数学之间，有没有关系？又或者，音乐与医学之间，有没有关系？甚至人生境遇与统计学之间，统计学与历史事实之间，有没有关系？当然有，全都有。所谓"万变不离其宗"，这个"宗"，就是哲学。

按照老子的话说，这就叫作"道"，或者叫"天意"。天地间的一切事物，都要符合"道"和"天意"。因此才会有所谓"悟道"之说，而这个悟道的工具，只有哲学。

可见，哲学最现实的应用，在于为我们提供一个简便高效的学习方法。不懂哲学的人三年也学不会的东西，懂哲学的人可能三个月甚至三天就能学会，而且还能学得精，学得透。打一个形象的比方，哲学，就是为人类的大脑"开天窗"。只要这扇窗被成功打开，万事万物也便尽在掌握了。

总之，"领导"即"政治"；"政治"即"哲学"。没有一定的哲学基础便无法参透政治的奥秘；不懂政治便无法获得强大的领导力，成为卓越的领导者。就是这样一个逻辑。

那么，学习哲学，是否拥有什么窍门呢？当然有。除了大量阅读哲学方面的书籍之外，多看一些历史方面的书籍也大有裨益。常言道，"以史为镜，可以知兴替"。学习历史，对掌握事物的内在发展规律具有极大的好处。什么样的人，什么样的性格，什么样的做事方式，在做事过程中会有什么样的遭遇，最后会得到什么样的结果乃至结局，历史书上写得明明白白、清清楚楚。尽管时空背景不同，但人类的思维和行为惯性以及事物内在的因果关系是亘古不变的。从古人的经历中，你一定能找到大量自己和他人的影子，两相对照可以让你对自己的人生有个大致的判断。这种判断能为你带来主动权，你可以不断地调整、不断地改进，让自己的人生之路走得更为顺遂、更为宽广。拥有了这样的能力，领导力便会如期而至。

之所以古今中外，绝大多数卓越的领导者都会对历史学习异常感兴趣，其根本原因就在这里。

要点二：思维。

具体地说，是"中西合璧，以中为主"。现在的中国企业家与中高层管理者，在"看书学习"这件事情上有一个明显的思维误区，那就是"重洋轻中"乃至"唯洋是问"。由于西方比我们更早地实现了工业化和经营管理现代化，以谦虚的姿态向西方学习本身并没有什么问题，可是过犹不及则会适得其反。

正如我在前面所说，对领导力而言最重要的是哲学。中国在这方面堪称鼻祖，大家完全没必要舍近求远、妄自菲薄。

往小里说，管理要和中国的文化相结合才能真正有效，引用纯西方式的管理方法必然会遭遇大量水土不服的现象；往大里说，中国古代海量的圣贤书是一个取之不尽用之不竭的聚宝盆，对人生的修行以及哲学素养的提升而言是绝佳的修习工具和营养来源。这一点举世皆知、有口皆碑，连西方人都要学我们，更何况我们自己。

事实上，许多卓越的中国企业家都拥有深厚的国学功底，或者是中国传统文化的坚定拥趸。比如说，金庸是公认的国学大家，而马云是金庸的忠实粉丝。李嘉诚谨守一生的座右铭则借鉴了《道德经》和《论语》中的名句：临事而惧、好谋而成，不疾而速、无为而治。

他们对国学的热爱，绝不仅仅是为了"装点门面"，而是结结实实地将其视为一种人生的"修行"，并将从修行中得来的智慧结结实实地运用到了各自的经营管理实践中去。

马云自比"风清扬"，并将其人生哲学贯穿始终，他甚至要求所有下属员工也要为自己或自己的团队起一个"江湖名"，并将这种气质融入日常的工作与生活中，指导每一个人的思维模式与言行举止；李嘉诚修身养性，每一个行动、每一个决策都能从古代典籍中找到相应的依据，他张贴在办公室里的那副晚清重臣左宗棠留下的名对联"发上等愿，结中等缘，享下等福；择高处立，就平处居，向宽处行"，便是他人生的真实写照。

总之，哲学是一个企业家的基础课、必修课。它既是学习的目的，也是学习的工具和营养。中国是一个学习哲学的好地方，甚至称其为"圣地"也不为过。常言说"民族的，才是世界的"，只有先把中国的文化学好学精，你才有根底学习西方的文化，才有可能学好西方的文化。这件事是有明确的先后顺序的，万万不可混淆，不可颠倒，否则就会事倍功半甚至误入歧途，到头来成了"邯郸学步"或"东施效颦"。

要点三：表达力。

一个合格的领导者，必须具备最起码的文笔能力。很难想象一个连文章都写不好甚至不会写的人，会是一个拥有了真实"领导力"的人。

自古以来，中国的科举制度就是一场"文章力"的比拼。谁的文章写得好，谁就有金榜题名的机会，就能成功地踏入仕途，改变人生。"洞房花烛夜，金榜题名时"，说的就是这码事。换言之，如果说"做官"是中国传统文化中最大、最深的情结之一，那么"做官"这件事的门槛，就是"写文章"。古来如此，现在如此，未来亦如此。

这就雄辩地证明了"做领导"与"写文章"这两件事之间不可分割的关系。然而，一个令人遗憾的事实是，在现今中国的民营企业中，无论是老板还是中高层管理者，拥有真实文笔功力的人可谓凤毛麟角，这就极大地限制了领导力在民营企业中广泛传播的可能，甚至极大地扼杀了领导力在民营企业中落地生根的机会。

那么，为什么文笔能力之于领导力如此之重要呢？有这样几个原因。

其一，辅助思考与记忆。

没错，文章力的基础是思考力。没有深邃的思考，是写不出好文章来的；不过，只有思考而不写文章，你的思考便很难连贯、很难深入，很难沉淀出真正的价值。所以说文字是思考的翅膀，失去翅膀的思考是飞不远的，难成大器、难修正果。

举个例子。相信你肯定有过这样的经验：有许多事，看似一团麻，乱糟糟的，但只要拿笔写下来，思路就会立马清晰起来。这就是文字辅佐思考的明证。不只如此，人的记忆力都是有限的。许多事，哪怕是异常惨痛的经验教训，哪怕曾捶胸顿足地发过誓，一旦过去便也会逐渐淡忘，下次难免再犯，导致恶性循环。因此，用文字把自己的经历记录下来，还能起到一种辅助记忆的作用。所谓"好记性不如烂笔头"，就是这个意思。

特别是做领导的人，日理万机、疲于奔命，每天需要处理的大小事务不可胜数。在这种情况下，无论一个人的记忆力有多好，如果仅凭脑子去记，也绝无可能应付得了如此庞大、如此繁杂的信息。更何况"思考"本身就是领导者重要的工作之一，因此无论从哪个角度来说，养成对"烂笔头"的依赖都是不可或缺的。

其二，归纳总结。

一个领导者最核心的能力之一，就是归纳总结的能力。具体地说，就是从无数错综复杂、表象各异的事物中，提炼出一些共同的、本质性的东西，以此指导自己和团队的思维与行为。这就需要领导者具备高度的逻辑思维能力与文字落实（写作）功底。对于领导力而言，归纳总结能力无比重要。没有这个本事，你和你的团队就会像无头苍蝇一样乱冲乱撞，思维与行为毫无章法、毫无效率，永远是一种漫无目的、简单重复的状态。

不客气地说，我们身边的民营企业中"效率低下、恶性循环、低水平循环"的现象之所以如此严重，一个重要原因就是这些企业中的管理者致命地缺乏归纳总结的能力，所以才会不断地被相同的石头绊倒而不自知。

这个毛病该改改了。

其三，复制粘贴。

会写文章还有一个好处，那就是可以将自己和团队同事们的深刻思考与宝贵经验忠实地记录下来，并一代又一代地传承下去。

说得专业一点，任何强大的团队都会有一个明确的指导思想和一套完整的文化传承体系（反之亦然，任何做不到这两点的团队，也不可能是一个真正意义上的"强大团队"。充其量，是一群莽夫组成的"乌合之众"罢了）。而这两项任务很大程度上是通过文字，特别是领导者的文字来实现的。这既是一种企业文化的体现，事关"教育""凝聚力"与"强烈的动机"；也是团队成员在具体工作中的行动指南，事关"执行力""效率"与"结果"。

古往今来，各个领域的几乎所有卓越领导者均能形成一套自己的完整思想体系，并留下丰富的著述传于后世，就是一个明证。

当然，领导者的文字即便成型也不是一成不变的，他的同事们和继任者们可以一代又一代地去完善、丰富这些文字，让这些文字能够永葆"与时俱进"的本色，永远具有最强大的竞争力与战斗力。

那么，如何才能拥有过硬的文字功底呢？

简单，四个字而已：多读多写。

首先，要提高自己的阅读量，扩大自己的阅读范围。古人道：读书破万卷，下笔如有神。书读得多了，脑子里的东西多了，文章想写不好都难。

其次，要加强练习。不精通不代表没天分。关键还是不重视，缺乏锻炼、懒于实践。只要能够切实重视起来并加强相应的训练，拥有过硬的文字功力并不是一件难事。

教你一个小窍门：说正常话，写正常文。写字要跟着嘴走，而不要跟着脑子走。

许多人都有这样的毛病：说话的时候一切正常，可一变成文字便驴唇不对马嘴，一团糟了。这就是典型的"会说不会写"现象，是绝大多数人的通病。

之所以会发生这种现象，一个很重要的原因就是对"说"与"写"这两件事做了下意识的切割。所以，治疗这个病的方子也很简单：把"说"与"写"统一起来就行。

你可以这样做：不要急于写，先把你想写的东西"说"出来，然后再把说出来的东西如实地记录下来即可。切记：写完之后，要再做一次反向操作，把你写下来的东西再"说"（念）一遍，看看是否通顺。如此往复几回，便是一次完美的练习。周而复始持续下去，拥有过硬的文字功力便是迟早的事了。

总之，知识的获得，要从书本中来。要读整本书，读纸质书，养成持续读书、系统学习的习惯。要让你的学习形成一个完美的闭环。不可以太分散、太随机、太零碎，这样的"学习"是无用功，根本无法形成有效积累，无法完成量变与质变的转换，因此纯属时间和精力的浪费。

　　这就是"修行"，这就是自律。做不到这一点，你就无法成为高素质的人；个人素质不高，你就不可能拥有真正的领导力。

☆　小 结

　　知识的获得，要从书本中来。要读整本书，读纸质书，养成持续读书、系统学习的习惯。

/// 格局观 ///

做为整个团队"兜底"的那个人

一个卓越的领导者，首先是一个优秀的人，一个优秀的个体。

他们的身上，一定存在着某些超越常人的优良的品格特质。

　　显然，并不是所有人都适合做领导。人的个性、潜质与能力千姿百态，适应性也各有不同，在职场中能够胜任的位置也有极大的差异。所谓"天生我材必有用""各擅胜场""量才适用"，就是这个道理。那么，什么样的人才最适合做领导者呢？

　　无论彼此之间具有多大的差异性，适合做领导的人也一定有不少共通点。找到这些共通点，我们就有了发现乃至批量"生产"领导力的可能。关键在于，要搞清楚"管理"与"领导"这两个概念的区别。

　　显然，前者的重点在"技术"与"操作"，而后者的精髓在于某种"精神感召力"。用一个大家熟悉的词来形容，就是所谓的"精神领袖"。换言之，"精神领袖"未必是"管理者"的前提，却必须是"领导者"的特质；好的领导者未必是一个好的管理者，却能通过强大的精神感召力驾驭管理者以及整个团队。

可见，一个卓越的领导者，首先是一个优秀的人，一个优秀的个体。他们的身上，一定存在着某些超越常人的优良的品格特质。而这些品格特质肯定包括如下内容：旺盛的好奇心、无尽的热情、超强的抗击打能力以及高昂的乐观主义精神。

首先，保持旺盛的好奇心，或者说得更透彻一点，保持一颗永不褪色的童心，对领导者的品格来说至关重要。

我们知道，孩子的成长速度要远快于成人。为什么会这样？其根本原因却鲜为人知。大多数人都会这样认为："进步快是由于起点低。"也就是说，小孩子之所以能迅速掌握许多知识从而快速成长起来，是由于他们太小、太无知，完全是一张白纸，所以吸收得就快，学到的就多。

此言不假，却并没有说中真正的关键。一言以蔽之，与成年人相比，小孩子之所以成长得快，完全是因为一样东西，那就是"旺盛的好奇心"。

"好奇心"是什么？是强烈的兴趣与探究之心。当一个人对某件事物极感兴趣，完全着了迷，产生了强烈的"一窥究竟"的心理的时候，会发生什么？他会全身心地沉浸于这个事物之中，废寝忘食、无法自拔。然后，他会彻底"拿下"这个事物，成为该领域无可争议的专家、高手。

就是这样一个过程。而且重点在于，这个过程的效率极高。一个人一旦进入这种状态，可能别人十年搞不定的事，他只消区区几个月，便能轻松搞定。而所有这一切，均起源于那三个字：好奇心。

从这个意义上讲，把"好奇心"称为人类的"生命素"或"成长素"也绝不为过。遗憾的是，对于人类来说如此重要的生命素，却存在一个致命的缺点，那就是，随着年龄的增长和时间的推移，它的数量非但不会增多，相反会减少，而且是急剧减少。

比如说，一个十岁孩子的好奇心，远远不如五岁的孩子；而一个二十岁青年的好奇心，可能已经消耗殆尽。我们经常可以看到这样的现象：年龄越小的孩子，越容易对事物有感触，而且越容易使用比较强烈的字眼形容这些事物，比如说"太棒了""喜欢极了""帅呆了""酷毙了"；年龄越大的孩子，越不容易对事物有感触，而且倾向于使用比较平淡的字眼形容事物，比如说"一般""还凑合""就那么回事儿""没兴趣"。

为什么会发生这种情况？

就是因为当一张白纸上好歹写了几行字的时候，即便纸面上依然留有大片空白，人们也容易自满，容易麻木，容易丧失对事物的好奇心与进取心。

之所以这个世界上的绝大多数人终其一生都会保持某种"一瓶子不满半瓶子晃荡"的状态，其根本原因就在这里。

因此，重回初心，从某种意义上讲，就是重回童心，永葆好奇心。

人们常常挂在嘴边的所谓"空杯理念""清零理念"，说白了就是这码事。问题在于，只要不彻底点透"好奇心"乃至"童心"的重要性，空口无凭地讲大道理或者专业术语是没有意义的。

那么，如何做才能让自己永葆童心不变色呢？一条捷径是：与拥有童心的人在一起。

我们发现，古今中外、各行各业，但凡卓越的领导者，大多都有一个鲜明的特点，就是喜欢小孩子，而且本人也能终其一生保持一颗晶莹透亮的童心，总会在不经意的时候表现出一点点"孩子气"。

可见，抽出一定时间陪伴孩子、观察孩子，不仅是一种精神上的休息，也是一种精神上的磨炼，特别是好奇心的磨炼。而这一点，对于领导力的形成与保持具有极为现实的意义。

具体的操作技巧是：暂时忘却自己成年人的身份，将自己与孩子的立场和感知系统完全等同起来。

比如说，和孩子玩耍的时候没必要事事处处让着他们，完全可以争一争，抢一抢，甚至掉几滴眼泪也在所不惜。总之，完全将自己也视作一个孩子，以他们的视角与方式去观察事物，感受事物，理解事物，直到有一天被别人骂："一点没有大人样！"你就成功了。剩下的事就是，当你离开孩子的时候，不要轻易丢掉这种感觉，要让这种感觉长期保持，并把它运用到你的日常生活和工作中去。

举个例子。比如说，你的孩子捉到了一只长相奇特的昆虫，你们一起玩耍了一番，然后当孩子离去时，你便立马将虫子扔到一边，不屑地嘟囔一句：什么玩意儿，真无聊！那就糟糕了。这就意味着你的"童心行动"前功尽弃。

要知道，人类之所以能发明飞机，就是因为受到了飞鸟的启示。而这些伟大的灵感源泉，其实就源自充满好奇的童心。

当然，做到这点不易，一蹴而就更不可能。但是只要你能持之以恒，刻意训练，至少在很大程度上你能为自己找到追求好奇心的灵感源泉与不懈动力。关键在于你自己的意识。不刻意改变自己的意识，一切都将原地踏步，毫无起色。这就需要无尽的热情和旺盛的生命力。只有那些热爱生活、热爱工作，拥有完美的家庭和良好人际关系的人，才能做到这一点。

所谓"一屋不扫，何以扫天下"，就是这个意思。

不是说无法拥有完美家庭和健全世俗生活的人，就一定无法成为一个优秀的人或卓越的领导者。但一般来说，无法经营好一个"世俗小环境"的人，成功经营一个"职场大环境"的概率也非常之低。

自古以来，就有"修身，齐家，治国，平天下"的说法，意思是说：治理不好小家，也不大可能治理得好国家；无法经营好自己的私生活，也不大可能经营得好一家企业。

所以热爱生活，培养充满热情的世界观和处世观，对修养品格来说至关重要。

明白这一点还有一个重要意义，那就是"推己及人"。

真正令人信服的领导力体现在，一个领导者不但自己要热爱生活，还要允许、尊重、鼓励乃至主动激发他人，尤其是自己下属热爱生活的权利和能力。

"以公司为家"是每个老板的口头禅，问题在于，如果你的下属连自己的家都能轻易抛弃，又如何能真正做到以公司为家，以老板为家长呢？这显然是一个自相矛盾的逻辑。

可见，缺乏热情，对经营一个世俗小环境毫无章法，信心全无的人，必然会严重地缺乏责任感，这样的人难堪大用。这句话对"选领导"管用，对"挑下属"亦有用。除了对世俗生活的热爱，对工作的热情也很重要。这样的热情极富感染力与传染性，能够将你的整个团队全部盘活，让所有团队成员跟打了鸡血似的充满干劲。

古今中外，所有卓越的领导者无不是热情似火的人。这种热情或者外露或者内敛，可甭管怎么说，没有火一般的热情支撑，领导一个团队，为一个团队所有成员的福祉负责这件事绝对会苦不堪言，迟早会令你不堪重负，败下阵来。

除了好奇心和热情之外，对一个卓越的领导者来说，强大的韧性和抗击打能力也是不可或缺的基本素质。

曾经见过这样一段震撼人心的话：没有经历过地狱的人，是没有资格做老板的。

老板是什么人？是"兜底"的人。"兜底"是什么意思？就是所有人都吃不了的苦，你必须吃；所有人都受不了的罪，你必须受；所有人都忍不了的诽谤误解，你必须忍；所有人都绝望的时候，你必须抱有希望；所有人都背弃你的时候，你自己不能背弃自己。

一句话，你和"别人"是不一样的。既然你想当老板，就要有这个心理准备，有这个本事和能耐，否则只能做个普通员工。

总之，抗击打能力是领导力的前提。这就意味着"领导"不可能是公园里的花，只能是野地里的草；领导者的命非但一点不高贵，反而应该十分卑贱。就像荒原里的野草一样，任凭风吹雨打、践踏焚烧，也要顽强地活下去，而且还要活得昂扬、活得茂盛、活得精彩。

这就是领导者的品格。

这样的品格在一个人事业成功、光鲜亮丽的时候是看不到的，只能在一个人身处逆境乃至绝境，山穷水尽的时候才能见到。

日语当中有这样一个词，叫作"打たれ強い"，翻译成中文就是"越被打越强大"的意思；中文当中也有类似的表述，比如说"伟大是熬出来的"，这些颇具哲理的文字形象地证明了领导力与抗击打力之间的关系。

那么，强大的抗击打力要从何而来呢？只能来源于高昂的乐观主义。

在艰苦的战争年代，革命乐观主义精神激励了一代又一代前辈为我们打下了江山。今日之我辈亦需要通过这样的乐观主义精神培养、锻炼优秀的品格和卓越的领导力。

乐观主义是什么？

一言以蔽之，就是"永不放弃"。说得再具体点，就是当所有人都放弃的时候，你不能放弃；当所有人都失去了对你的信任的时候，你还是要相信自己。

做到这一点殊为不易。

经常会有一些成功人士这样描述自己的经历：有好多次，我都曾想过放弃。幸亏有某某某（亲人、朋友或同事）在旁边抚慰我、鼓励我，才又激起了我继续奋斗下去的勇气。因此，我能有今天的成就，全部归功于他们的不离不弃。

表面上看，这样的描述似乎很合逻辑。一般人都会赞同一个观点：人是群居动物，只靠自己的力量是没有办法成功的，必须彼此搀扶，才能一直走下去。

这一观点从宏观上讲没有错，但从微观上看则不啻一个谬论。

理由很简单：就好像"一个成功的男人背后总有一个默默付出的女人"一样，"某个人的成功必然源于另一个人的支持和鼓励"无异于一个神话。要是那个提供支持与鼓励的人没有出现怎么办？就不能成功抑或放弃成功吗？

事实上，对大多数成功人士来说，都曾经拥有过一直战斗到众叛亲离、孤家寡人状态的经历。这样的案例不胜枚举。

当然，这并不是说这些人的亲戚朋友不仗义，背叛了他们。恰恰相反，亲戚朋友曾经给予过他们巨大的希望、支持、帮助与鼓励。问题是，当所有这些付出长时间得不到回报的时候，人的耐心会耗尽的。曾经的热情会变成冷漠，曾经的鼓励会变成讥讽，曾经的信任会变成质疑。

我们要明白，这不是人家的错。错在自己。换了你是对方，恐怕也会这样，甚至有过之而无不及。将心比心，你没有抱怨对方的权利，因为人家对你已经仁至义尽。人家也有自己的生活，自己的利益，不可能也不应该永远迁就你。

因此，这个时候你剩下的，就只有"自己"。只有自己抚慰自己，自己鼓励自己，自己给自己打气，告诉自己绝不能放弃，必须坚持下去。

总之，奢望别人对你不离不弃是荒谬的；奢望自己背后永远能够站着某个男人或女人也完全不靠谱。

一般来说，这种情况只存在于你的落魄和艰难还远未见底的时候，亦即你还没有真正见到"地狱"的时候。因为一旦你见到真正的"地狱"，所有的人都将离你而去，当然，这些人当中也包括那些你曾经最亲密、最信任也最依赖的人。没错，我说的就是你的"亲人"。尽管很残酷，但这就是现实。至少，这是一个真正的大概率事件。

这就意味着，你要学会与孤独打交道，特别是与"终极孤独"打交道甚至做朋友。

要学会面对孤独、利用孤独与享受孤独。

需要强调的是，"孤独"与"孤单"是两个截然不同的概念。孤单的人未必孤独，而孤独的人也未必孤单。恰恰相反，有些人离群索居，却可以拥有异彩纷呈的精神世界；而更多的人即便身处闹市，甚至享受前呼后拥的待遇，内心深处却异常匮乏而凄凉。

换言之，与"孤身一人"相比，"人声鼎沸"中的孤独感更真实、更透彻也更可怕。

战胜这种深刻的孤独感，只能凭自己，没有人能帮你。理由很简单，如果你的身边有人帮忙，有人伸出援手，那么你的孤独感要么是个伪命题，仅仅是你的"骄娇二气"在发作而已；要么就是远未到绝望的程度，你还拥有大把的回旋空间。但甭管怎么说，只要你还没有体验到极致的孤独，还未见识到真正的"地狱"，拥有卓越品格与真实领导力的机会便极为渺茫。

那么，如何才能与极致孤独打交道呢？

只能是乐观主义，高昂的乐观主义。

只有永葆乐观，才能永不失去希望，让自己在绝境中生存下来、强大起来，并最终杀出一条血路，一条生路。

显然，这样的人，能自己抚慰自己、自己疗愈自己、自己激励自己。他们身上永不缺乏旺盛的生命力与顽强的战斗力。

可见，乐观主义的本质在于自我鼓舞、自我激励、自我救赎、自我成就。归根结底就是三个字：靠自己。

那么，下面的问题就是，乐观主义来自哪里？如何才能拥有高昂的乐观主义精神呢？

答案很简单，只有两个字：知识。

知识能够带来技能与远见，而这两样东西便是你永葆乐观的源泉。

常言道"艺高人胆大"，当一个人拥有了强大的技能，也便有了强大的自信，有了保持乐观的基本条件。

不仅如此，知识还能赋予你深刻的洞察力，让你登高望远，看见别人看不到的风景，找到别人找不到的灵感。这会给你带来远见，让你心里踏实。即便在最背运、最黑暗的时候，即便在所有人都无法给予你理解的时候，也能令你坚持住自己的初心与信念，对自己的未来保持最起码的乐观。

可见，源于知识的乐观主义是有充分依据的，绝非盲目乐观。这样的乐观主义必然会带来真实的结果，而这种前景本身又会进一步刺激你的乐观——这就是一个典型的良性循环。这样的循环会不断地磨炼你的品格、打造你的人格，最终为你带来卓越的领导力。

总之，知识就是营养和力量。丰富的知识储备，将为你提供无穷无尽的精神食粮、永不枯竭的昂扬动力，助你挺过所有惊涛骇浪，熬过所有艰难岁月，最终从"地狱"走向"天堂"。

☆ 小结

缺乏热情、对经营一个世俗小环境毫无章法、信心全无的人，必然会严重地缺乏责任感，这样的人难堪大用。这句话对"选领导"管用，对"挑下属"亦有用。

/// 价值观 ///

领导力的本质就是帮自己和其他人变得越来越好

真正的人格魅力，必然建立在完备的道德基础之上。

我们已经知道，领导力，首先是人格魅力。

那么，人格魅力又是什么呢？

这个问题无论有多少答案，至少在一点上是绝对共通的，这就是：道德。

没错，没有道德或者道德败坏的人未必不会有"魅力"，但这种魅力是邪恶的，因而也注定是不可长久的。显然，这样的"魅力"与人格二字无关。真正的人格魅力，必然建立在完备的道德基础之上。

对"领导力"而言，自古就有"英雄"与"枭雄"之分。前者常能终成善果；后者每每恶贯满盈。这便是正义与邪恶必然会遇到的因果关系。

因此，中国古代的哲人提出了"修身、齐家、治国、平天下"的观点，这一逻辑有着严格的先后顺序和因果关系。显然，"修身"是前提，而"平天下"是终极目的。前者是因，后者是果；前者是"做人"的方法，后者是"做官"的抱负。

可见，个人修养是领导力的前提，而"道德"则是个人修养的基础。

这是一个小孩子都懂的道理，看似无聊、无趣至极，可问题是，到底有多少企业家和中高层管理者，真正弄明白了其中的利害关系呢？

先不说欺上瞒下、贪污受贿、挪用公款、监守自盗等有违法律的行为有多么令人不齿，即便是个人作风以及待人接物的细节方面，不时做出有违伦常之举的人也是屡见不鲜。

这样的行为主要体现在如下几个方面：

其一，语言暴力。

污言秽语的人格侮辱，是民营企业的老板和中高层管理者最容易犯的毛病。问题的复杂性在于，许多管理者对此完全无感，或者即便有感，也会下意识地将其视为一种"个性"的体现甚至是对下属员工的"批评教育"，亦即"对员工好"的表现。但是，这样的一种语言暴力给员工带来的只有痛苦，只有沉重的心理负担，而不会有什么"批评教育"的效果，更不可能会有"为自己好"的收获感（即便他们嘴上这么说，心里也绝无可能这么想）。不夸张地说，一两句粗俗言语对上司而言可能仅是不经意的"脱口而出"，说完就忘了，可对下属来讲则无异于引爆了一颗"原子弹"，会让他们难受一整天乃至一个星期。

据西班牙一个权威机构的调查结果显示，"是否能遇到一个好上司"是普通上班族衡量一个职场环境是否友好最重要的因素，且没有之一。在决定一个人能否在某个职场中长期坚持下去的所有要素当中，仅"上司"这一项，就占了七成！而在"上司"这一项目中，基于"言语"和"态度"的暴力与冷暴力，又占到高达八成。

具体地说，源于上司无礼的人格羞辱、粗俗的语言使用，或者指桑骂槐、含讥带讽的对话方式，都是下属员工最无法忍受的语言暴力。这会成为一种极大的"职场摩擦"要素，成倍地放大员工在职场生涯中所承受的综合压力指数，从而给员工的身心健康带来极为严重的摧残。从结论上讲，上司的语言暴力不仅是职场离职率长期居高不下的"元凶"之一，也是团队效率与业绩长期低迷不振的一个主要肇因。

你也许会有不同的见解：不是这样啊！至少不全是这样。据我所知，许多对待下属很凶、很厉害的上司，反而能带出更出色、更强大的团队。这样的案例比比皆是。反过来说，那些特温柔、特善良的上司，带出来的团队反倒缺乏生气，毫无战斗力。所以说"慈不掌兵，善不为官"，要想带出一个好团队，你就不能对你的兵太客气！

首先，我承认你说的是事实。可是，你误解了我的意思。我说的是源于污言秽语的语言暴力和人格侮辱，与"很凶""很厉害"是两组不同的概念。显然，"凶"的人，"厉害"的人，并不一定是"粗俗"或"粗鄙"的人。他们仅仅是比较严格、比较苛刻罢了，未必会使用语言暴力。

不可否认，这样的人确实会有使用语言暴力的可能，而且也确实有机会带出一个强大团队。

为什么会这样？

这就涉及一个"昏君"（坏领导）与"明君"（好领导）的区分问题。

常言道"金无足赤，人无完人"，即便是一个人品端正，抑或拥有强烈人格魅力的人，也会有这样那样的性格瑕疵，这样的"明君"确实有可能因其严格乃至严厉带出一支强大的团队。反之亦然，一个基本人品都存在巨大缺陷的"昏君"，是无法做到这一点的。

不过，即便是好领导，即便是"明君"，如果存在语言暴力的问题，对团队来说也具有极大的杀伤力。正如我在前面所说，上司的语言暴力将极大地增加团队成员的"职场摩擦"系数，成为下属员工心中的一个梦魇，严重地摧残他们的身心健康，因此对团队的综合效率及战斗力而言绝对是一个负面因素。

由此，我们便可以很容易地理解，为什么那些信奉"慈不掌兵"理念的团队，一般来说会有如此之高的离职率了。

一个众所周知的事实是，团队的战斗力与团队成员的"幸福指数"之间拥有莫大的关系。如果你的员工感到不幸福，那么表面上呈现出来的"战斗力"是无法令人信服，也无法持久的，迟早有一天会出大问题。这样的案例屡见不鲜、俯拾皆是，相信没有人会提出异议。

问题在于，即便我们承认再好的上司，再好的团队也会有这样那样的缺憾，可是这样的缺憾是否可控，下属员工是否可以忍受，却值得所有团队领导深思。换言之，我们要考虑，这样的缺憾到底是"刚性"的，"不可逆"的，还是可以调整与改变，乃至可以轻易调整与改变的呢？如果是前者，我们只好听之任之、顺其自然，可如果是后者，其代价则未免太大，太不值得了。

之所以这样说，是有理由的：许多团队领导知道自己是"明君"或自己"有恩"于下属，知道下属对自己有深深的信赖与依赖，常常会以此自居，肆意妄为，任由自己的坏脾气发作而不予控制，放纵自己不断地伤害下属而不予怜悯。

这种自我骄纵的心理其实是一种典型的弱者心态，归根结底还是一种缺乏自信、缺乏自我认同的表现，所以需要通过这种近乎变态的做法，不停地自我证明、自我圆满，以期获得某种心理平衡。问题是，如果你的行为令员工无法忍受，从而极大地恶化了职场摩擦水平，伤害了团队战斗力的可持续性，则这样的心理平衡手段的代价未免过于高昂，有必要重新考虑其合理性与可行性。

如果你是一个聪明的领导，这是一笔并不难算的账：对你来说，这件事易如反掌，无非是控制一下自己的坏脾气而已；可是对于你的下属员工而言，这件事却无比重要，是他们愿意留在你这里，继续跟随你的脚步打拼下去的理由之一，甚至有可能是唯一的理由。两相对照，哪个合算，一目了然。

其二，行为暴力。

至于团队领导的行为暴力，则更是一言难尽，"罄竹难书"。

从结论上讲，领导者的行为暴力，很大程度上源于一种封建思想，是一种比较典型的官僚主义的体现。

因为我是你的上司，你的工作、前途甚至一家人的生活全部掌握在我的手里，所以我就拥有了对你"生杀予夺"的权利——这种封建腐朽的"君为臣纲"的理念，一直到今天还深深地埋藏在许多团队领导的心里，潜意识里。

这便极大地混淆了"公事"与"私事"，"职场"与"私生活"的边界，对团队成员造成极大的困扰，令后者苦不堪言。

诚然，如果是"职场"是"工作"，上司确实拥有无可争议的主导权，确实可以"命令"下属员工做许多事。不过，如果是"私生活"是"私事"，则上司的这种"命令"便会成为一种"强迫"、一种"暴力"，既不合情理，又有违法之嫌。

举几个真实的案例。

让我们见识一下甲乙丙三位老板的所作所为。

某日，甲老板与友人聚餐，一直喝酒喝到深夜。席间，忽然针对某个议题与友人发生争执，于是给下属打电话，令其火速赶到公司去取一个 U 盘并在一小时之内给他送去。时值凌晨三点，而那位下属的家距离公司至少有半小时以上的车程，从公司赶到老板饭局所在的酒店车程也不少于半小时。从睡梦中惊醒的下属在一片懵懂中冲进屋外的黑暗，费尽九牛二虎之力才拿到 U 盘赶到老板那里。可时间过去两个小时，饭局已近尾声，那个引起争议的话题彼时已然解决，不再需要这个 U 盘了。可即便如此，老板也觉得那位下属的"迟到"令其很没面子，当着友人的面对其破口大骂，当场骂哭了这位下属。

乙老板也不遑多让。他给所有公司员工定下了一个铁的纪律：必须确保手机二十四小时开机，随时待命、备查。

没错，这种"二十四小时开机"的电话确实不会每天都接到，可对于公司员工来说，这道命令依然成了一个巨大的梦魇。它的厉害之处在于：你没准儿什么时候会接到电话，所以必须无时无刻确保一种高度紧张的精神状态。

这道命令就像一个无形的魔掌，限制了员工的私人空间与时间，让员工几乎完全失去了能够安享"八小时之外"私生活的机会。

可笑的是，这道在员工心里臭名昭著的命令，却并没有发挥什么实效。

大多数人一年到头也接不到几个像样的电话，大多数电话所传达的都是一些不痛不痒的内容，几乎没有什么实际意义。尤为可恶的是，这些电话基本上都不需要占用员工的私人空间和时间，完全没有任何紧急性、迫切性，完全可以利用正常上班时间解决。

当有员工提出质疑时，乙老板的解释是这样的：这个制度的重点不是为了解决问题，而是为了检验大家的工作态度和责任心！

不过，即便如此，与丙老板相比，甲乙两位老板的所作所为只能算是小巫见大巫了。

丙老板的公司有一条不成文的规定：公司组织的所有饭局，所有员工均有"义务"参加，不参加者按"旷工"论处。其理由是：对集体活动表现不够积极！

照理说，参加公司的饭局本是一件好事、美事，员工本不应该有任何拒绝心理才对。这并不是因为"可以免费撮一顿""打打牙祭"，而是通过这样的场合，可以融洽同事关系、干群关系，令职场氛围更和谐、更圆满。至少从表面上来看，老板的本意也在于此。可偏偏是这样一件好事、美事，却让老板鼓捣得彻底走了样。

首先，饭局的次数实在是太过频繁。几乎是"三日一大宴，五日一小宴"，而且每次都搞得很晚，常常夜里十一二点也散不了席，回不了家。这便极大地影响了员工的私生活甚至是次日的工作。

于是，就有员工不断地请假，想尽一切办法回避这项"义务"。这令老板大为震怒。他觉得自己花了这么多钱请员工吃饭，居然有人不买账，让他的好心成了驴肝肺，真是"恩将仇报"，"是可忍孰不可忍"！

从此，由于"饭局问题"被老板处罚的员工便层出不穷，更有甚者，许多人还被要求写检讨、认错书。

仅仅是"吃个饭"也便罢了，这位老板还定下了一个奇葩规矩：在公司组织的饭局上，所有人必须喝酒。或者说得更具体一点，所有人必须"会"喝酒！

无人可以幸免。以任何理由拒绝喝酒（当然是"婉拒"）的人，老板都会做这样一个动作：端着斟满酒的酒杯，走到那个"胆大包天"的人面前，当着众人的面，将酒杯里的酒顺着对方的脖领子浇进去。是为"惩罚"。

他的理由很简单："杯酒见真情"。酒是情感的象征，公司饭局上的酒则更是"集体主义"的体现。因此，在公司的饭局上拒绝喝酒，就是一种典型的"反集体主义"行为，是对团队毫无感情的表现，是对企业文化公然的亵渎，所以绝对"罪不可恕"！

以上几位老板的案例，之所以构成职场上的行为暴力，一个重要的原因就是从根本上混淆了"公"与"私"之间的关系，以"公"的名义，侵犯了下属员工"私"的权利。

毫无例外地，这几位老板都认为自己的行为完全属于"公"的范畴，而与"私"无关。

诚然，"公"与"私"的界限有时确实难以把握。可唯因如此，从这件事情上，也能看出一个领导者是否拥有真正健全的人格、真正健康的品德、真正具有说服力的领导力。

事实上，对那些真正具有高尚品格和卓越领导力的人来说，"公"与"私"之间的模糊界限非但不会成为他们领导团队的障碍，相反会为他们提供大量绝无仅有的提升团队凝聚力与战斗力的好机会。换言之，这种模糊空间非但不会有损他们的人格魅力，反而能极大地提升他们的个人魅力与感召力，让下属员工心甘情愿地为他们两肋插刀、赴汤蹈火。

具体地说，正因为公私之间存在模糊空间，所以正确的操作方法不是"以公犯私"而是"以公养私"。做领导的人要善于利用公的资源（包括自己的公职身份），为下属的私人利益着想。尊重他们的私人空间与时间，支援乃至丰富他们的私人生活，让他们充分感受到自己的公司是自身幸福生活的一部分，职场生涯是自己与家人幸福生活的建设者而不是破坏者。

一言以蔽之，要让下属觉得"跟着你干很幸福，而不是很痛苦"。能够做到这一点，你的团队在公与私两方面便都可以实现价值最大化，而你本人也就拥有了足以服众的领导力。

放眼世界，举凡卓越的领导者，无不是让下属幸福感爆棚的高手。美国前总统罗斯福的下属曾经对这位上司做过这样一个经典的评价：能够和总统待上一个小时，出来后让我把钉子当饭吃我也能吃得下去！

显然，罗斯福高尚的品德和超群的个人魅力是下属们幸福感的源泉，而这些令下属感到幸福的品德里"尊重、关心与支援"下属的私人权利与空间这一点，必然占据了极为重要的位置。

总之，你越是替下属着想，越是尊重下属的利益，下属就会越替你着想，越重视你的利益；反之亦然，你越是违背下属的利益，下属就越会和你对着干。

这便是"以德服人"的道理。

当然，"德"不代表"软弱"，"好领导"也与"老好人"不同。

这里的关键在品格感召力和人格魅力。显然，这两样都不是"老好人"的强项。高贵的品格本身就是一把利器，具有强大的威慑力。这样的人绝无可能软弱可欺，给人留下"老好人"的印象。

所以，由于担心陷入"老好人"的困境而放弃品格与道德的修养，绝对是南辕北辙之举，这样的思维与行为对领导力建设有百害而无一利。

其三，作风滥觞。

寡人有疾，寡人好色。

这是许多老板和中高层管理者的通病。问题的关键在于，这一重大的人格缺陷背后有着极为顽固的封建思想残余：因为我是你的上司，所以我就有放纵自己骚扰你的权利。

这便是典型的作风滥觞，其危害性怎么形容都不为过。

我就见过不少这样的老板：他们事业有成，在所有其他方面的表现几近完美，却偏偏在作风方面表现恶劣。

有的老板在日常工作与生活中会对异性下属开低级玩笑甚至毛手毛脚，有的老板甚至会在所有员工参与的饭局上公开给情人打电话，并打开免提功能直接暴露对话内容，以此显示自己的"超群魅力"。

表面上，他们会以"平易近人""和群众打成一片"或"活跃气氛"为由替自己开脱，却掩盖不了这些作为背后的龌龊心理与荒谬逻辑：这样的举止甚或"炫耀"的背后，其实是一种典型的"施暴心理"，是强者（立场上的强者）向弱者（立场上的弱者）施加的行为暴力。

严格意义上讲，这种心理与行为已经涉嫌违法，至少严重背离了人类社会的公序良俗，既可耻又可悲。

这样的老板，别说领导力，连起码的做人准则都缺失了，理应受到全社会的谴责与唾弃。

讽刺的是，偏偏是这样的老板或企业高管，却往往最重视下属员工的人品，常常把"先做人，后做事"的理念挂在嘴边。不能说他们撒了谎，他们对下属的要求和期盼绝对是发自内心的，是真实的心理反应。问题在于，"上梁不正下梁歪"，如果连他们自己的人格都有严重缺陷，又有何资格去要求或评判别人的人格呢？

可见，于私于公，领导力都是一个品牌，个人的品牌，也就是我们俗称的"人设"（人物设定）。这个东西无比珍贵，却像玻璃一样脆弱，建立难，毁灭易。

可能你自己觉得这些都是小节，可以忽略不计，但是你的下属可不会这么想。对于一个领导者而言，你的一举一动、一言一行下属都看在眼里，记在心上。一旦他们对你的人设感到幻灭，感到失望，他们就会发自内心地厌恶你。即便表面上依然对你毕恭毕敬，内心深处早已把你"拉黑"，让你费尽心思建立起来的领导权威功亏一篑。

走到这一步，你的好日子就快到头了。可悲的是，只有你一个人蒙在鼓里。

总之，做领导没那么简单，需要你步步为营、如履薄冰、戒慎恐惧。

这本身就是一种修行。而这样的修行，你要坚持一辈子，不可有片刻松懈。

"道也者，不可须臾离也，可离非道也。"

领导力，就是典型的"道"。这里面的深刻含义，你要细细品味。

☆ 小结

个人修养是领导力的前提，而"道德"则是个人修养的基础。

第二章

领导力赋能：懂授权，才能引爆团队的效率潜能

/// 选人 ///

尽可能把权力授予员工认可的人

如果一个领导者过分陷入"管理"的窠臼而无法自拔，就会很容易让自己被各种事务性的琐事缠身，从而拘泥于局部而忽略整体，拘泥于战术而忽略战略。

授权，是领导力的一个重要表现。我在前面说过，一个卓越的领导者，未必是一个出色的管理者。他的能力不是体现在具体的管理工作上面，而是通过授权，让别人去管理。

这一点非常关键。很多时候，大多数领导者都会混淆"领导"与"管理"这两个概念，从而过度关注管理而忽略领导。

这一理念的最大弊害在于：如果一个领导者过分陷入"管理"的窠臼而无法自拔，就会很容易让自己被各种事务性的琐事缠身，从而拘泥于局部而忽略整体，拘泥于战术而忽略战略。

这就是典型的"只见树木不见森林"的做法。以这样的方式"领导"一个团队，你会发现团队的效率极低，许多事情悬而不决、决而不定、定而不实。换言之，你会掉进一个恶性循环，大问题解决不了，小问题层出不穷。这会让你疲于奔命、劳而无功。

所以，"领导"的功能对于一个团队来说就是一根"定海神针"，是一个团队得以成立、得以高效运转的四梁八柱。"领导问题"多小都是大问题，"管理问题"多大都是小问题。只有解决了大问题，小问题才能迎刃而解；反之亦然，大问题解决不了，小问题要么不会解决，要么即便看似解决了，也会很快复发，让恶性循环永远持续下去。

在给企业高管做咨询培训的时候，我经常会提出一个"过分"的要求，让他们彻底荒废管理，专注领导。具体地说，就是不要学习管理业务，专注自己的领导业务即可。理由很简单，管理业务往往容易被神话，是一个人"有能力""会办事"的表现，极易给人带来成就感。而成就感就像兴奋剂，容易让人产生依赖、欲罢不能。这就极易把一个好端端的"领导者胚子"带进"琐事缠身"的沟里。

当然，成就感不是什么坏东西，即便领导者也需要并且能够获得成就感，而且是更大、更丰富的成就感。问题在于，与管理者相比，领导者的成就感往往来得比较慢，是一种典型的"延迟满足"状态。而管理者的成就感则常常是"即时满足"，因此也更具诱惑力，令人难以抗拒。

这就需要我们的领导者要有极大的耐心，要顶得住即时满足的诱惑，让自己能够自始至终地专注于领导工作。

所以，"授权"两个字说来容易做来难。让别人做事，就意味着要把许多功劳和光环让给别人，亦即把成就感（这对我们中国人来说意味着"面子"）让给别人。这在某种程度上是违反人性的（特别是违反了我们中国人"好面子"的天性），没有宏大的视野和高屋建瓴的价值观，做到这一点殊为不易。可唯因如此，才能体现"领导力"不凡的价值与品质。

不只如此，难以授权对于大多数领导者来说还有一个原因，就是急于求成。

与其让别人做，不如自己做更快、更踏实、更有安全感，更能得到令自己满意的结果。

"等你做，黄花菜都凉了"，是许多领导者的口头禅。问题在于，如果你始终不肯授权，不肯让别人做事，你的下属便永远成熟不了，永远不会做事或做不好事。然后你会发现，团队里做事的人永远只有你一个，所有人都在一边围观、看热闹。你会活活地忙死自己、累死自己，而没有人会心疼你、在乎你，对你伸出援手。

重点在于，你还不能埋怨别人，因为造成这一切的，是你自己。

不要以为我是在讲笑话。这种情况在现实世界里比比皆是：明明花钱雇了一大堆人，可公司里的所有业务，都是老板一个人跑回来的；公司里的大小管理实务，也只有老板一个人在干。闹不好一张表格、一份文件都得老板亲自起草。

那你花那么多冤枉钱，雇那么多人干什么？难道仅仅是为了撑门面？

可如果你不肯或不会授权，这种局面就会永远持续下去。

这玩意儿什么时候是一站啊！再长的旅途，也总要有一个终点不是？

可见，对于领导者来说，一定要把这个事儿彻底想明白、弄清楚：授权的意义，不仅仅在于"做事"，更在于"教育"。而"教育"也是领导者的天职，绝不可等闲视之。

没错，你的员工做事能力不如你，这是一个大概率事件。可也唯因如此，所以你才是"领导"，而他们是你的"下属"。正因为能力差，所以才需要锻炼。如果你始终不肯授权，他们便永远没有做事机会，永远得不到应有的锻炼。这便是恶性循环的根源。所以，为了彻底切断这一循环，哪怕你的下属会把事情搞砸，你也要咬咬牙挺过去，坚持授权、坚持教育，让你的员工能够真正成长起来，那时你才能真正解套。

当然，授权不代表着彻底放手不管。在员工做事的过程中，你要暗中发力，全程监控、指导员工的做事细节。这样做，既是为了尽量不把事情搞砸，也是为了让员工得到更好的锻炼。

这方面的话题，我会在后面的文字中详述，这里一笔带过。

那么，对领导者来说，"授权"这件事到底有什么注意事项呢？

一言以蔽之，任何授权行为都要遵循一个铁的原则：以"实权"为基础授"职权"。

我们知道，权力，无非有两种来源，一种来自领导，一种来自群众。这就意味着，授权方式也有两种，一种自上而下，一种自下而上。显然，前者是"职权"，后者是"实权"。前者是基于"规则"的授权，后者是基于"潜规则"的授权。

这两者之间既可以有交集，也可以有并集。也就是说，有的人既有职权又有实权，而有的人只有两样中的一样。

毫无疑问，两者兼具的人是领导者中的极品，只有职权而没有实权的人则是领导者中最不堪的存在。

遗憾的是，这一最不堪的存在，在现实世界中却往往最多，让领导力的发挥毫无着力点，整个团队的运营指挥系统形同虚设。所以，"授权"这个事儿绝不简单，一定要考虑周全，慎之又慎。

最关键的一点，就是绝不能把权力轻易授予那些在群众中没有威信，或很难建立起威信的人。也就是说，绝不能让那些没有掌握"实权"潜力的人轻易地获得"职权"。

之所以这样说，有这样几个原因：

其一，容易影响被授权者的权威，造成"干群关系紧张"的局面，令授权形同虚设。

基层员工如果对某种权力无法发自内心地信服，就会自发地抵制这种权力，而且是用一种极为隐蔽的手法（亦即所谓的"阳奉阴违"。表面上听你的，背

地里却消极怠工或干脆和你对着干），令你防不胜防、疲于应付。你会沮丧地
发现，自己陷入了一种极为艰难的博弈状态中，几乎做每一件事都需要经过一
番艰苦的博弈。在这无穷无尽的博弈中，支持你的，只有授权给你的上司；反
对你的，却是大多数员工（如果不是所有员工的话）。这还不是最糟的，更糟
糕的事情还在后面：你会更为沮丧地发现，上司给予你的信任和支持，绝不是
无条件的，更不是无穷尽的。当你迟迟无法打开局面的时候，迟早有一天上司
会跟你翻脸，会"挥泪斩马谡"，重新收回对你的授权，将你打入"冷宫"。
毕竟"法不责众"，无论上司有多欣赏、多喜欢你，也不会为了你一个人而开
罪所有人。

换言之，没有群众基础的授权极易让你陷入无谓的人际争端。在这种性质
的博弈中，你将毫无胜算。

显然，这种状态已经不仅仅是"影响工作效率"的问题了，而是"完全无
法工作"，至少是完全无法"正常"工作。

在这一过程中，被授权者的"能力"往往不重要，真正重要的是"做人"。
会做人，能力差一些也玩得转；不会做人，能力再强也吃不开。问题在于，
现实世界中的大多数授权行为都过分看重前者而忽视后者，这才是真正的症
结所在。

其二，容易影响授权者的权威，妨碍授权行为的正当性。

不成功的授权，对授权者本身的影响也堪称致命。理由很简单，授权的权
力，是领导力最重要的体现方式，是领导者手中最具威力的武器。这一招不灵，
会让领导者武功尽废、威信全无。群众不再信任你，就等于在事实上剥夺了你
授权的权力，让你授出的所有"权"都毫无效力、极难落地。这就会带来一个
极为现实也极为尴尬的问题，那就是即便你的某些授权是正确的，被授权的人
是有潜力获得群众认可与支持的人，这些人也会被你所累，或者功亏一篑、铩

羽而归，或者饱受煎熬，迟迟无法打开局面。

因为群众会本能地这么想：这个人是那个人任命的，一定好不了！大家只需齐心协力，给他添堵就行了！

这就是为什么"好的上司助人，坏的上司毁人"的道理。

反过来说，这种现象也给我们提了个醒：除非万不得已，在可能的情况下那些对自己有信心的"好苗子"要尽量避免和授权者（上司）靠得太近，尽量避免过早地获得职权，省得上司好心办坏事，拖自己的后腿。要尽量靠近群众，疏远上司。待水到渠成、瓜熟蒂落之后，再笑纳职权不迟。

这种做法，在大多数情况下于人于己，于上司于整个团队均有百利而无一害。

其三，容易让基层群众对团队的管理体系产生普遍性的质疑和不信任感，给团队运营带来全局性的深远影响。

正如我在前面所说，"授权"是领导力最重要的体现方式。"授权"是"管理"的前提，有权才能做事。这句话有两方面的意思：其一，只要你的权得到大家的认可，那么即便事情没有做好，大家也能原谅你，包容你，继续给你做事的机会。其二，反过来说，如果你能把事情做好，你的权还能得到进一步的巩固，让你在未来做事的过程中有更大的回旋余地和施展空间。

既然要做事，无非有两种结果：做好或做坏。没人可以例外。在大多数情况下，无论多厉害的天才，把事情做坏的概率也会远大于把事情做好的概率。这就需要你手中的权力具有极大的弹性，要非常扎实才行。因此在做事之前，必须先夯实手中的权力，否则后果不堪设想。如果权力不扎实，别说把事情做坏，即便把事情做好，你也很难令大家信服。他们会这么想：虽说这件事他做得不赖，可问题是凭什么由他来做这件事，他有做这件事的资格吗？又或者：他这次把事情做得不赖，很大程度上是因为走了狗屎运，而且还有老板在后面给他

"开小灶"，跟他本人的能力没什么关系。下次就未必这么幸运了，肯定会把事情搞砸！

可见，源头不正，一切免谈。群众看不上你，你就里外不是人，好赖都是"死"。

总之，授权环节出问题，会让团队的整个管理系统彻底崩塌，团队会陷入空转与虚耗的泥潭无法自拔。把棋走到这一步，结局就只能是死棋了。

那么，如何授权才能避免这些弊端呢？

咱们下节接着说。

☆ 小 结

缺乏群众基础极易让你陷入无谓的人际争端，在这种博弈中，你将毫无胜算。

/// 路 径 ///

越能循序渐进，授权的阻力就越小

俗话说"扶上马，走一程"。这本身就是授权技巧的体现。

那么，具体的操作技巧是什么呢？

主要有以下几个要点：

其一，不要急于授权。

无论你多么看好一个人，只要他的根基没有打好，没有形成一定的群众基础，便不宜过早授权。否则无异于拔苗助长，对其未来的发展有百害而无一利。

但是，确实存在事出紧急，不得不授权的情况。这个时候你应该怎么办？简单。只需进行"临时性授权"即可。也就是说，只针对某个特定的任务进行授权，任务完成之后立刻将权力收回。这种做法有点"特派专员"的意思，关键时刻可以一用。

它的好处在于，授权者与被授权者回旋的空间都很大。即便任务完成得不好，也不会留下太多、太大的后遗症（毕竟只要事情过去，权力就会被取消，一切都会归零）。而且在这个过程中，授权者还可以对被授权者进行考察和培养，通过大量的专项任务对其进行全方位的锻炼和打磨，使其迅速成长起来。一旦条件成熟，便可以进行正式的永久性授权。反之，如果发现对方缺乏潜质，"孺子不可教"，亦可随时放弃。进可攻、退可守，操作的灵活度非常高。

这种临时性授权的做法还有一个明显好处，那就是对于从未享受过权力的甜头，也从未尝试过权力的苦头的人，特别是年轻人来说，过早过快得到权力，特别是比较大的权力，容易引发自我膨胀、滥用权力的结果（即便初获权力时诚惶诚恐、无所适从，一旦尝到权力的甜头便会很快适应，很快膨胀）。可如果权力是临时性的，便会在很大程度上避免这种情况的发生。被授权人能够在一种虚拟的权力环境中充分认识权力的本质，理解并适应权力的好与坏，对权力以及行使权力产生足够的敬畏之心。这样一来，他日一旦得到正式权力，其仕途前景便能更顺遂，更持久一些。

俗话说"扶上马，走一程"，这本身就是授权技巧的体现。给他临时性的权力，就是"扶"他上马的过程。即便刚开始心里会有所不满，假以时日，他迟早会理解乃至感谢你的苦心。

从另一个角度来说，真正聪明的职场人士，也不会过于急迫地要求上司给予自己高强度的正式授权。要知道，权利与义务是成正比的。即便你对权力充满渴望，可却未必做好了尽义务的心理准备。为了让自己轻装上阵，给自己一个缓冲和适应的空间，让自己能够安下心来真做事、做真事，不妨主动拒绝上司高强度的授权，多为自己争取一些"特派专员"的机会。这才是真正高明的做法。

当然，临时性授权法也有相应的缺点。由于授权是一次性的，容易发生授权力度不足，从而影响被授权人办事效率的情况。不过也唯因如此，这种稍欠力度的授权也为被授权人提供了不少发挥的空间和回旋的弹性，对其个人素质的展示与张扬既是一个绝佳的机会，也是一个严肃的考验。毕竟做事情三分靠上司（授权），七分靠自己（素养）。自己不争气，上司再支持你也没用。

其二，尽量不要公开明示授权过程以及授权人与被授权人之间的关系。

授权的结果必须公开，但如果可能的话，与授权有关的过程还是以尽量不公开为好。一般来说，人们都会要求授权过程要做到"公开透明"，这无非是希望授权行为能够得到广泛的认可，令大家信服。问题在于，在现实世界中做到这点殊为不易。我们知道，授权的过程无非有三种可能：授权人的个人意志（领导者的个人好恶与判断），小范围的精英圈子的意志（领导集体的共同决策），以及大范围的基层群众的意志（民主选举）。能够将三者结合固然最好，但一般情况下精英圈子的意志，特别是高层领导的个人判断往往会起到决定性的作用，而这样的判断与决策结果，往往与基层群众的意志不一致甚至完全相反。这就会在团队中引发合理乃至合法性的质疑，从而让被授权人在正式开始工作时举步维艰。

换言之，对授权过程的公信力过分苛求会平添许多不必要的争议与干扰，反而令被授权人难以施展拳脚。所以，强化结果，忽略过程本身就是一种给被授权人解压的操作，可以让所有人把注意力集中在被授权人的具体作为上面。是骡子是马拉出来遛遛，被授权人做得好，就可以巩固授权；做得不好，则可以取消授权，而且不会有太大的副作用和后遗症。

顺便说一句，在授权问题上，现代企业的管理文化往往过于强调"既往业绩"和"群众（民主）意志"这两个因素，而相对忽略了高层领导，亦即授权人的个人意志与判断的作用。这种做法看似公平、公正，其实却有极大的隐患。理由很简单：一个人在某个岗位做得好，不代表着他也能在另一个岗位做得好；反之亦然，一个人在某个岗位的表现也许并不突出，可这并不意味着他没有在另外一个岗位上高度出彩的潜力。有些事群众看不出来，但领导能看出来；有些事群众感觉不到，可领导能感觉到。登高望远、高屋建瓴本身就是领导者的职责，也是领导力的重要体现；慧眼识珠，力排众议做决策，既是领导者的独特素养，也是领导者的本职工作。既然如此，尽量让领导者少一些需要"力排"的"众议"，显然是一种更聪明的授权方式。只要被授权者足够争气，在新的岗位上扎扎实实地干出成绩，"众议"自然会消失，"民望"也自然会到来。

不折腾或少折腾，干了再说，用事实说话，本身就是一种高效管理的体现。

正因为授权过程中的领导者个人意志过于重要，授权人要尽量淡化自己与被授权人之间的关系，是为"避嫌"。尽管有些"此地无银三百两"的意思，可这种避嫌行为或多或少会为被授权人提供一些保护，能够尽可能地减少后者工作中的干扰。

遗憾的是，许多领导者不明白这个道理，往往进行反向操作，在授权时大鸣大放，公开为被授权者站台，高调宣扬自己与对方之间的关系。其本意是好的，无非是想强化授权力度，让对方能够有恃无恐，工作可以进行得更顺遂一些。可殊不知这样一来，被授权人的立场往往会更尴尬、更被动。对那些缺乏群众基础的人来说，他们会有陷入无谓人际争端的风险；即便对于那些已经初步具备群众基础的人而言，这种做法也只能令他们更加疏远群众，而不是靠近群众。这就等于给对方拆台、帮倒忙，把对方放到火上烤，实在是不明智之举。

其三，尽量不以个人好恶授权。

正因为在授权这件事情上领导者个人的意志占有太大的比重，所以行使这个权力的时候一定要分外慎重，切勿以个人好恶乃至主观情绪做判断、下结论，以免错失好苗子，或误用庸人、小人、谄媚之人。古今中外，这方面的案例不胜枚举，足以振聋发聩、醍醐灌顶。

没错，领导者也是凡人，做到这一点殊为不易。可也正因为这样，"领导力"三个字的分量与价值，才能得到真正地体现。

其四，被授权人要有所为而有所不为。

为了确保授权"落地"，被授权者的作为也很重要，也需有所为有所不为。在这两方面，其立场与授权者是完全一致的：

第一，切不可过分强调（更不用说虚构）自己与授权者之间的关系。

也许是缺乏自信，也许是出于虚荣，许多人在被上司授权之后，往往喜欢大谈特谈，甚至虚构自己与上司之间的关系。殊不知这样做风险极大，非但会得罪群众，还有可能惹恼上司，所以是典型的作死行为，一定要尽力避免。

第二，切不可对自己的能力过分自信，对未来的表现做过于乐观的预期。

确保授权成功的关键是低调，特别是在被授权的初期，一定要这样做。低调做人，高调做事：前者可以确保你有充分的回旋空间和施展弹性，后者可以让你的实际表现超出众人预期，从而达到"不孚众望，巩固权力"的效果。

记住：蹲得越低才能跳得越高，直挺站立的人是不可能跳得起来的，更不用说踮着脚尖站立的人了。

第三，尽量不要刚性用权，而要柔性用权。

初得权力的人往往容易发力过猛，处处以手中的权力自居，事事以手中的权力说话。殊不知这种刚性用权的方式有百害而无一利。它会迅速钝化你手中权力的锋芒，使其效力很快衰弱乃至消失。

要知道，即便你得到了授权，这个世界上的许多事也未必需要用到这些权力。有些事本可以用普通的办法解决，甚至用情商解决。所以，能不用权的地方，尽量不要用权；即便必须用权的地方，也不要过分强调权的存在，把注意力集中在做事上即可（反过来说，如果不强调权的存在就无法做事，这个"权"本身就是有问题的，含有极大的水分）。如果可能，用权时不要一刀切、一言堂，要尽量和人商量着来。换言之，要学会和别人分享权力——既分享使用权力的过程，也分享随之而来的成果与成就感。

这就是典型的柔性用权的方式。只要你坚持不懈，权力便不会成为你疏远群众的推力，而会成为你靠近群众的拉力。

当然，一刀切、一言堂有的时候也是必需的，完全回避刚性用权并不现实。可也唯因如此，在可能的情况下你要尽量避免这样做，尽量多用柔性用权的方式，为自己积累一个较好的群众基础。有了这个基础，从能让你在使用刚性用权时，把副作用控制在最低限度。

其五，"空降兵"授权，要"单项""有限"。

下面，重点谈谈"空降兵"的授权问题。

这个问题，是大多数团队领导者最头痛的困扰之一。特别是劳动力市场空前活泛，各家企业对高端管理人才的需求空前高涨，人才争夺日益激烈的当下，如何将权力高效地授予"空降兵"，对每一个团队的高层领导来说，都是一个极为迫切的重大课题。

所谓"空降兵"，是指老板或团队高层领导从其他地方"挖"来的人才。这种人由于已经有较强的工作能力及较为丰富的职场经验，因此属于那种"拿来就能用"的人才，对大多数企业来说都具有较强的吸引力。

显然，用"空降兵"有两个好处：

第一， 能够节省育人成本，提高用人效率。

省钱、省时、省精力，是空降兵显而易见的优点。

第二， 能够将其他企业乃至不同行业的崭新理念、作风和工作方法带入团队中，从而活化团队的创造力和生产力，形成新的竞争力。

新人带来新气象，这一点对于那些"熟透了"的，甚至有些僵化的团队来说显得尤为珍贵。

第三， 能够激发"鲶鱼效应"，刺激团队内部的良性竞争。

新的强大竞争者的到来，对团队成员，尤其是那些精英分子来说显然是一个巨大的刺激因素，能够让他们兴奋起来，找回久违的激情。

不过，"空降兵"的弊端也不可小觑，这样的弊端主要体现在如下几个方面：

第一， 忠诚度不足。

空降兵是典型的"雇佣兵"心态。他们四处漂泊，没有归属感。谁的条件好，谁给的钱多就给谁干。这就意味着忠诚心的缺乏，而空降兵常常会占据团队的高层职位，缺乏忠诚心对这样的职位来说常常是致命的。毕竟他们的手里掌握了太多、太大的权力，他们的脑袋和电脑硬盘里装下了太多、太重要的团队秘密，这样的人一旦流失，给团队带来的打击将不可言喻。

第二， 水土不服。

空降兵心高气傲，且往往一上来便被委以重任，因此常常难以适应新公司的水土，容易与既有的企业文化和团队氛围发生较为激烈的冲突。

这样一来，空降兵的群众基础便很难形成，会与一线员工和中层管理者发生频繁的、大面积的摩擦。老板（授权人）的处境将异常尴尬：他们会沮丧地发现，全公司只有自己是空降兵的支持者，而其他人都是反对者。再三犹豫和权衡之下，老板们往往只能"挥泪斩马谡"，放弃空降兵。毕竟为了一个人得罪所有人不是一笔划算的买卖。

第三， 急于求成。

由于空降兵往往被老板寄予厚望，因此常常会急于求成，在实际工作中猛打猛冲、不计后果，这便容易招致反弹和暗算，从而导致功亏一篑。

那么，在授权与"空降兵"的过程中，如何才能扬长避短，让授权能够成功落地，并发挥出最大的效力呢？

简单，四个字而已：单项、有限。

也就是说，对于空降兵的授权，切忌大面积、全方位的无限授权方式，要尽量采取小范围、单项的有限授权方式。

举个简单的例子：比如说某家企业管理问题成堆，其中财务、薪酬、执行力等方面的问题表现得尤为突出。老板为了让公司改头换面、起死回生，从外面找了一位空降兵回来，准备委以重任。

这个时候应该如何授权？

首先，切忌把对方抬得过高，一下子便授予对方"总经理"或"董事长助理"之类的高位。你不妨这么做，成立一个课题组，将对方任命为组长。该课题组负责解决具体问题，每次一个课题（尽量只限于一个课题）。以三个月为周期，用一年左右的时间分别解决财务、薪酬和执行力等方面的问题。

这样的做法类似于前面提到过的"特派专员"，区别在于：其授权不是临时、一次性的，而是正式、永久性的。只不过是一项一项地授，而不是一次性全部授完。授予一项权力，解决一个问题（如问题没有得到令授权人满意的解决，还可以适当延长该课题的周期），如此类推，所有的问题解决完，权力也全部授完。

那个时候，再把他"课题组长"的头衔，自然而然、名正言顺地转变为"总经理"或"董事长助理"即可。

这便是一个典型的循序渐进、瓜熟蒂落的过程。和那种性急的一次性全面授权相比，这样的授权法有许多非常明显的好处：

既能让空降兵有的放矢、脚踏实地，一步一个脚印地解决问题、巩固成果、进入状态；也能帮助空降兵减少与团队其他成员的摩擦，相对顺利地建立好群众基础。不仅如此，这样一个过程本身还能起到对空降兵的个人能力和工作方法进行调整、打磨的作用，使其既能适应水土，又能更为成熟；与此同时，在这个过程中老板和团队高管还能对空降兵的实际能力和综合素质进行全面考察。万一经过一段实践之后，发现空降兵实在无法胜任工作，还可以随时收回成命，淘汰空降兵，并且将空降兵给团队造成的负面影响控制在最低限度，可谓"一举多得"、稳妥有效。

当然，全面性的授权，大刀阔斧地开展工作也有成功的可能，但概率极低、成本极高，需要太多天时地利人和方面的因素陪衬。而且即便成功也往往会留下后遗症无数，且这样的后遗症将在未来很长一段时间里给团队带来持续的痛苦。所以除非万不得已，切莫轻易尝试。

其六，新团队中的授权要尽量"就虚不就实"。

有人可能会问：以上你所说的，基本上都是既成团队或成熟团队的授权方式，对于那些新成立的团队来说，在授权方面又有些什么样的技巧和注意事项呢？

这是一个好问题。常言道"好的开始是成功的一半"，反之亦然，"坏的开始后患无穷"。一个团队迈出的第一步是否成功，对于团队的长治久安来说实在是太重要了。搞得好，一通百通；搞不好，一辈子也擦不干净屁股。

与老团队相比，新团队在授权方面既有优势，也有劣势。一方面，由于一切都没有成型，少了许多磕磕绊绊，团队具有极大的可塑性；另一方面，由于一切都是未知数，也多了许多风险，平添了不少犯错的可能。

所以，正确的授权方式必须扬长避短，秘诀是：就虚不就实。

你可以这样做：所有重要职位均冠以"实习"或"代理"的名号，"权力"是实的，可"位子"是虚的。在这些岗位上可以大大方方、名正言顺地使用权力，可是岗位本身却并不固定，随时有被替换的可能。

这样的授权方式既能起到考察、锻炼干部的作用，又可以在团队内部激起良性竞争意识，让有才华、有自信的团队成员可以大胆地追求自己心仪的岗位和职位，还能够让授权的过程和结果具备最大化的公信力，令所有人心服口服，可谓好处多多。

总之，"授权"不简单，出手要慎重。要想成就大事，拥有真正卓越的领导力，这门学问，你必须沉下心来好好研究一番。

重点在于，这句话不仅仅对授权人管用，对被授权人也同样管用，甚至更为管用也未可知。

☆ 小 结

能不用权的地方，尽量不要用权；即便必须用权的地方，也不要过分强调权的存在，把注意力集中在做事上即可。

||| 陷阱 |||

不要给自己设置太高门槛

"服众"这件事需要时间和耐心，需要量的积累以及质的变化，万万急不得。

想起了一个三国时的经典桥段。

还记得"三顾茅庐"的故事吗？

这是一个典型的与"授权"有关的故事。在这个故事中，授权者是刘备，被授权者是诸葛亮。对团队来说，后者是新人，是典型的"空降兵"，而关羽、张飞则是"老人"，是典型的精英分子。

他们三方的立场既有千丝万缕的联系，又有决定性的不同。授权能否成功，完全取决于这三方之间的互动过程及结果。

让我们从头复习一遍这个故事，捋一下思路。

首先，对刘备来说，"三顾茅庐"之举是求贤若渴的表现，自然天经地义；可是对关、张二人而言，一个陌生人受到如此厚遇，显然不可理喻。

这是最初的摩擦点：为团队出生入死、战功赫赫的精英们没得到的待遇，一个对团队毫无贡献的外人却得到了，真是"是可忍孰不可忍"！

显然，这是刘备的失误。他严重忽视了老人的感受，是典型的"喜新厌旧"的表现。这就等于亲手挑拨了诸葛亮与关、张二人之间的关系，在诸葛亮出山之前，便给他挖了一个大坑，带来不小的隐患。尽管是一番好意，可却办了坏事。

可惜刘备过分爱才心切，居然没有意识到这一点，在诸葛亮出山之后，反而变本加厉地厚遇他，甚至达到"形影不离""同吃同睡"的地步。这便进一步激化了摩擦，恶化了事态，令关、张心里对诸葛亮更为嫉恨，从而进一步拉高了诸葛亮为刘备做事的门槛。

果真，没过多久诸葛亮的考验便来了。

曹操派大将夏侯惇率重兵讨伐刘备集团。这令刘备分外惊惶，毕竟与对方的雄厚实力相比，兵少将寡、资源匮乏的己方几无胜算。于是忙找关、张二弟问计，二人讥讽道：哥哥何不让"水"去迎敌？

因为刘备与诸葛亮形影不离，常常将"我得孔明，如鱼得水"的说法挂在嘴边，关、张故有此一说。

刘备虽厉声呵斥了二人，可眼见其斗志低迷、心有不忿，似乎难当大任，便只能将自己的印剑托付给诸葛亮，将全部希望诚惶诚恐地寄托在这个初来乍到的"空降兵"身上。

但见诸葛亮不慌不忙，升帐用兵。兵符一支一支地颁出，帐中诸将均得到差遣，即将奔赴战场。此时关羽、张飞却突然发难，齐声质问诸葛亮：我等均衔命而战，不知军师自己又有何作为呢？

诸葛亮微微一笑，不紧不慢地道：我自留守帐中，备好功劳簿与美酒饮食，坐等诸位凯旋，与各位将军庆功！

此言一出，众人皆惊。连刘备的心里都不禁打起小鼓，不知诸葛亮如此绝对的自信究竟从何而来。

关、张二人哑然失笑，彼此对望了一眼，语带讥讽地道：就是说，我等出去卖命，军师一人独自在家坐享其成喽？

诸葛亮收起笑容，指着印剑一脸严肃地道：主公已授命与我，违令者斩！

刘备也忙在一旁帮腔，严厉呵斥自己的兄弟。关、张二人无奈地摇摇头，领令而去。临走还撂下一句狠话：我等不妨先去，待其计策不灵，再来问之！

言外之意是：你小子先别得意，等把仗打完再找你算账！

这一仗，叫作"火烧博望坡"。尽管是小说家杜撰出来的，却也描写得无比真实生动，称得上惊心动魄、激烈痛快。最后的结局自然是大获全胜，诸将凯旋。

经此一役，诸葛亮不但彻底降服了关、张二人，也让刘备心中仅存的疑虑烟消云散，从此大家其乐融融、相安无事，堪称"圆满的大结局"。

现在问题来了：如此完美的情节与结果，在现实世界中发生的概率到底有多大呢？

答案恐怕不那么乐观。

我们可以做如下几种假设。

假设一：万一这一仗打输了，结局会如何？

别忘了，胜败乃兵家常事。即便此仗打败了，乃至大败，也未必代表诸葛亮没本事。事实上，即便得到诸葛亮的协助，刘备也没少吃败仗甚至是极为惨烈的败仗。问题在于，这至关重要的"第一仗"，诸葛亮胜了，而且胜得酣畅淋漓、痛快无比，从而一举解开了团队中干群矛盾的疙瘩，为自己未来的职场发展扫清了障碍，奠定了基础。可这种戏剧性的情节与结果，在现实世界中发生的概率实在是太低了。事实上，即便是诸葛亮这种一等一的人才，第一枪没打响，第一仗吃败绩的可能依然不小。至少在打仗之前，不做这样的心理准备绝对是不明智的。而这种心理准备的前提就是：授权人与被授权人在打仗之前一定要尽量低调。不能过分激化干群矛盾，主动制造干群摩擦，从而把"打赢"的机会成本拉得过高，让自己骑虎难下，处境尴尬，为团队未来的发展埋下无穷隐患。

不客气地说，如果第一仗失败，诸葛亮很有可能在团队中混不下去，从而不得不卷铺盖走人。如果是这样，则授权人刘备的责任是第一位的，被授权人诸葛亮本人的责任也不小。这就是授权时过分"高调"的隐患。

显然，正是因为诸葛亮意识到刘备对自己的高度礼遇已经制造了过高的门槛，让自己无路可退，所以才会表现得如此高调，如此坚决，试图一举踏破门槛，冲破障碍，给自己打下一片天。问题在于，他这样做风险实在是太大了，万一在具体执行的过程中有任何的不完美，都可能令自己（甚至令授权给自己的刘备）无法收场。

所以，更聪明、更稳妥的做法，显然不是以如此高调的姿态强力"踏破"门槛，而是尽量放低身段，轻拿轻放，把门槛"按"下来。这就需要诸葛亮给刘备做工作，得到他的首肯与配合，尽量在开战前解决干群矛盾，抹平干群摩擦，而不是在开战后利用无懈可击的战绩去做到这一点。

假设二：即便此仗打赢了，可如果损失过大，结果没有那么完美，又会发生什么呢？

结论同前，不再赘述。

假设三：即便此仗最终大获全胜，完美收官，诸葛亮的地位是否真会立即巩固，干群矛盾是否真能全部化解呢？

未必。

人性是复杂的，至少没有那么单纯。关、张二人皆为武将，且均为性情中人，因此服就是服，不服就是不服；愿赌服输，干脆利索，没有那么多麻烦事。可是那些足智多谋（至少自以为如此），心思缜密的文官呢？他们是否会仅以此一役，便彻底折服于诸葛亮的才华，从此甘愿受其差遣，唯其马首是瞻呢？

恐怕情况没有那么简单。事实上,即便他们真的惊叹于诸葛亮的才华,恐怕心中油然而生的情绪,更多的将是嫉妒与戒心,而不是接纳与跟随。这依然是一个巨大的陷阱,对团队未来的发展意味着无穷隐患。真正高明的领导者,对这样的前景不能不有所考虑,有所准备,有所防范。

当然,即便一两个胜仗"打"不出自己的绝对权威,"打"不服己方团队中的某些人,特别是那些自视甚高的精英分子,可是如果能够一直打胜仗,打出一系列的漂亮仗,那些人迟早会心服口服。问题是,任你是多么了不得的大才子,谁能够有做到这一点的绝对自信呢?

可见,搞好干群关系,亦即"服众"这件事,没有那么简单。尽管某些偶发性事件带来"一次性服众"的结果是有可能的,不过总的来说,"服众"这件事需要时间和耐心,需要量的积累以及质的变化,万万急不得。

据此,我们可以给授权人刘备和被授权人诸葛亮支上几招。

先说刘备。对于"空降兵",他应该采取这样的态度。

其一,到位前不应过分抬举。

即便出于强烈的爱才之心,"三顾"之举确有必要,也要在团队内部尽可能地低调处理,不应当着众人的面过分强调这一行为,以此来显示自己到底有多么重视甚至多么倾慕这个人。更不用说在做这件事的时候,还要让团队中的重量级精英人物(关、张二人)始终随行身边,将自己的一举一动全部看在眼里,那更是蠢不可及。

其二,到位后不宜过分溺爱。

成功挖到人才之后,敬重有加没问题,过分溺爱则不可取。一来你的这种溺爱会刺激到别人,特别是那些自认劳苦功高的"老人",令他们义愤填膺、嫉恨于心;二来你的溺爱也会让"空降兵"本人产生误解,让他误以为已经得到了你的绝对认可,从而有可能变得飘飘然,滥用你的溺爱。再说了,谁敢保证你的这种溺爱不会是"一时滥情"，而必然是"一世钟情"呢？万一日后你对他的"爱火"不再炙热，甚至逐渐趋冷，这一前一后两种态度之间巨大的落差，也会给他造成极大的心理冲击，从而毁了他或者逼走他，而这却未必是你的本意，那样就得不偿失了。

总之，恰恰是因为有了"三顾"之举，恰恰是由于在刘备心中诸葛亮的价值无比重要，所以这项授权完成之后，刘备关注的重点应该放在团队精英阶层，也就是关、张二人身上，而不是诸葛亮身上。这才是对后者爱护和保护的表现。至少，也应该一碗水端平，不宜将关注重心过分倾斜。最起码，你与诸葛亮"秀恩爱"可以，但没必要在关、张眼前秀，完全可以低调一些、隐蔽一些。不用做得那么露骨，那么张扬。

再说诸葛亮。

其一，到位前放低身段。

尽管让刘备"三顾"并不是自己的本意，可毕竟"三顾"已经发生，且由于整个过程关、张二人始终参与其中，巨大的隐患已经埋下，看穿这一隐患的后果并提前想好稳妥的应对之策，便成了诸葛亮的当务之急。

显然，由于本次授权的第一步没有走好，诸葛亮需要做的，一定是将身段放得更低，而不是相反。既然刘备对自己的赏识是真实可信的，那么与刘备的感受相比，关张二人的感受则更为重要。搞定关、张二人对自己的观感，将直接决定自己未来的前途。

方法也很简单：由于关、张均为行伍之人，且武功高强、战功卓著，至情至性、吃软不吃硬，因此多多夸奖对方的卓绝武功和辉煌战绩肯定不会吃亏。当然，日常接触时态度谦和一点，语气温柔一点，锋芒收敛一点，这些生活中的小节便更不用说了。切记，这样做并不是虚伪，而是"会做人"。

是为"情商"。

以诸葛亮之聪慧天资，相信搞定"情商"这点事并不难。

其二，到位后有商有量。

为了更好地开展工作，与"强压式"的工作作风相比，"有商有量"的工作方式更为可取。

没错，诸葛亮手中有刘备的印剑，可以"违令者斩"。问题在于，如果违令者众多，你能怎么办？难不成还真敢"斩尽杀绝"？

所以，"违令者斩"是一着险棋。只能用来吓唬人，一旦吓不着人，便会彻底破产。除非你有绝对的自信，否则绝不可轻易使用。

"有商有量"则不然。无论能否达成共识，"商量"这一行为本身就是一种姿态，可以博得众人的好感，至少能弱化众人的反感，让命令能够得到更好的执行。

一般来说，职场中人都会有起码的常识，都明白一个浅显的道理，亦即"我可以不喜欢、不赞成这个命令，但如果它是一个命令，我必须执行"。这就意味着，强制对方执行命令依然是你神圣不可侵犯的权力，而且这种权力也能得到对方的尊重和理解。换言之，即便他们不理解"命令"本身，也会理解你"下命令"的权力。前提是你要让他们舒服一点，给他们找一个"下台阶"的理由，而这个理由就是"商量"。无论结果如何，只要你肯"商量"，事情就好办。

不过，必须承认，军情紧急，来不及商量的情况也会发生。此时，你不得不祭出"违令者斩"的大招，强迫对方执行。对你而言，结果无非有两种：成，或者败。只要你是一个平时做事"有商有量"的人，无论哪种结果你都可轻松笑纳，因为群众会主动给你台阶下；反之亦然，如果你平时不懂"商量"，而是习惯了独断专行，那么无论哪种结果都有可能伤到你，区别无非是重伤、轻伤而已。

更重要的是，"商量"的姿态不但能拯救你自己，还能拯救你的上司。让关、张二人消停点儿，不闹事，刘备也省心。否则，关、张天天与诸葛亮干仗，真正难受的人是刘备：两边儿都是自己人，你让我怎么办？

如果诸葛亮有良心，真的感念刘备的"三顾"之情，愿意"许其以驱驰"，为其心中的大业"鞠躬尽瘁，死而后已"的话，那么他的思维与行为方式必然会有所不同。最起码，天天把刘备端出来当挡箭牌，拿刘备的授权去威胁关、张，挑拨、恶化三兄弟之间的关系，一定不会是他的选项。

☆ 小 结

即便群众不理解"命令"本身，也会理解你"下命令"的权力。前提是你要让他们舒服一点，给他们找一个"下台阶"的理由，而这个理由就是"商量"。

/// 赋能 ///

疑人要用，用人也要疑

"疑人不用，用人不疑" 仅仅是一个美好的愿望，在现实世界中，真正的常态必然会是 "疑人要用，用人也要疑"。

关于授权，自古以来便有 "疑人不用，用人不疑" 的说法。

这是对的。对被授权人来说，是否能得到授权人的绝对信任，往往是能否顺利推进事件的重要前提。

请注意，我这里所说的是 "绝对信任"，也就是彻底的、无条件的信任；"相对信任"，亦即有条件的、有限的信任效果则要差很多，对被授权人会产生极大的负面影响。

为什么这么说呢？

理由很简单，这个事儿和安全感有关。只有当一个人感到绝对安全的时候，他才能义无反顾地去做事，而任何程度的不安都会极大地侵蚀 "义无反顾" 的成色，严重地分散他的注意力，降低他的做事动机与效率。

说句大白话：老板信任我，我就会为他两肋插刀，赴汤蹈火，不会有什么私心杂念；老板怀疑我，我就要留个心眼儿，悠着点儿干，提前为自己想好退路。

就是这样一个简单的逻辑。

现在问题来了：被授权人渴望无条件的信任固然很正常，授权人又是否能做到抑或有必要做到绝对的"不疑"呢？

答案恐怕是否定的。

对授权人来说，无论你对一个人多么有信心，他毕竟不是你的分身，不能"代替"，而只能"代表"你做事。这就意味着你对他做事的过程和结果，是否能完整地体现（如果不是完美体现的话）你的意志和利益，并没有也不可能有绝对的把握。因此，你不可能，也不应该给予他绝对的信任。因为这不是一种客观、公正与理性的态度。

可见，"疑人不用，用人不疑"仅仅是一个美好的愿望，在现实世界中，真正的常态必然会是"疑人要用，用人也要疑"。

那么，如何才能在授权的时候将"疑人"与"用人"这两个看似矛盾的要素完美地结合起来呢？

方法很简单。只要你牢牢地掌握两个关键词就行："手把手"和"制度"。

让我们从头说起。

对授权人而言，被授权人令他不放心的，无非是两个方面：一曰"能力"，一曰"道德"。

也就是说，"我交给他的事儿，他是否能办得令我满意"，以及"我给他这么大的权力，他会不会对我有二心，跟我玩猫腻，做对不起我的事"，这两个念头，是授权人的心头之患。只要能将这两桩心事解决，就能成功地摆平"疑人"与"用人"之间的矛盾。

事实上，"能力"与"道德"之忧并不会单独存在，常常会相互交织、互为因果。

比如说"之所以这个事儿他办得让我不满意，并不是因为他没能力，而是因为他有二心，在跟我使鬼心眼儿"，又或者"这个事儿虽然他办得很漂亮，但我总觉得他故意留了一手，否则会办得更漂亮"，等等，都是这种疑心病非常经典的体现。

可见，"能力"与"道德"问题必须同时解决，才能彻底治好授权人的疑心病，否则，任何方面病根的残留，都会让疑心病有死灰复燃的可能。

从这个意义上讲，"绝对信任"不仅对被授权人至关重要，对授权人而言也是必需的。

那么，如何才能解决"能力"问题呢？

这里面的秘诀在于"手把手"。无论对方是有能力抑或没能力的人，是否能令你满意不取决于他们，而取决于你。作为授权人，你心中自有一把尺，而这把尺子往往与对方自带的能力无关。

换言之，怎样做才能满足你的要求，这种事需要你亲自做示范。而且仅仅做示范还不够，你还需要手把手地教给他们做事的技巧与程序，然后再拉着他们的手，亲自把这些技巧和程序练习几遍（最好在实践中练习），直到确认他们真正掌握，并形成了新的习惯为止。

切记，在这个过程中一定要轻说教、重行动。光靠讲道理行不通，必须手把手地带着他们走几圈，直到他们可以按照你的要求，完美地自立行走为止。

这是一种典型的"赋能"行为：对能力比较差的被授权人来说，这是一个"教育"和"培养"的过程；对能力比较强的被授权人来说，这是一个"调整"与"适应"的阶段。有了这样的经历，前者可以得到锻炼，变得愈发成熟，从而更加胜任新获得的权力；后者则能对自己的老板（授权人）有更深入的了解，让自己的做事方式更适合老板的风格，从而更有利于施展拳脚、发挥专长。

甭管是上述哪种情况，对老板（授权人）来说，他都能得到一样自己渴望已久的东西：放心。

再来说说"道德"。

在"道德"方面缺乏安全感，要比在"能力"方面感到不安更折磨人，对人的心理冲击更大、更残酷。

这不仅是被授权人的感受，也是授权人的实感。在这件事情上，无论是被怀疑者还是怀疑者的日子都不好过，都会倍感煎熬。甚至于，哪怕仅仅是怀疑对方怀疑自己（不信任自己，防着自己），都会令双方寝食难安，惶惶不可终日。

所谓"疑心生暗鬼"，就是这个意思。这个事儿真正可怕的地方还不在于"暗鬼"，而在于"明鬼"。也就是说，"自己明明没干坏事，却无端遭人猜忌，受人怀疑，背上莫须有的罪名，还不如横下一条心干脆把这个坏事干了，也好落下个'实至名归'！"

这就是"想鬼鬼就来"的道理。可见与"道德"有关的不信任与不安有多么可怕。

既然如此，不妨把这个苦差事让出去，彻底摆脱这个梦魇。

"疑心"这码事既然来源于权力，那就应该想办法控制这种权力。而这件事显然不应该由"人"来做，而应该由"制度"来做。通过制度的作为，来消除人的戒心。

是为"把权力锁在制度的笼子里"。

用制度来监督人、怀疑人、管理人，要比用人来做这些事成本低得多，效果好得多，效率也高得多。

用制度约束权力，首先需要划定权力的边界。

确认权力能干什么，不能干什么，把底线划清楚。只要不逾越底线，就可以尽情发挥；反之，那些僭越底线的事情绝对不能触碰，否则严惩不贷。

当然，如果你还是不能放心，可以采用自己掌控底线的做法，让对方没有任何僭越的余地，这样就可确保万无一失。

比如说，许多民营企业的老板都会将公司的财物大权交给自己的老婆掌管，就是一个典型的例子。许多人对这种"任人唯亲"，公开搞"夫妻店"的做法颇有微词，殊不知这样的做法其实对所有人都有好处，符合所有人的利益。因为这样做，既能消除老板心头最大的隐患，也能剔除下属身上潜在的嫌疑，等于为所有人提供了一把保护伞，让大家都能轻装上阵，在自己职权范围内尽情施展，可谓"各得其所""皆大欢喜"。

不只是财务权，任何有可能触碰授权人底线意识的权力都以"不授"或"缓授"为好，比如说某些重大事项的决策权。

反过来说，所有能够授出的权力都以"不触碰授权人的任何底线意识"为宜。只有做到这一点，才能尽可能地接近授权过程中"绝对信任"的目标。

我们可以将这样的方式称为"负面清单授权模式"：任何与"底线"有关的权力，都在"负面清单"上，此为授权禁区；除此之外，所有权力均可授出。

不过，这种做法也会带来一个非常现实的问题。

事实上，道理大家都懂，可执行起来却很难。对许多老板或企业高管（授权人）而言，这张"负面清单"往往太长，长到几乎囊括了所有权力内容，从而让授出去的权力形同虚设，毫无使用价值。

这会造成一个很尴尬的局面：表面上看，好像每个人都有自己的岗位和权力，可是真正"动"起来行使权力的，却永远是有限的那么几个人，永远是老板和身边的若干高管。所谓"忙的忙死，闲的闲死"，说的就是这种情况。

可见，"底线"不可过多、过滥。底线太多，等于没有底线。底线太滥，会严重挫伤底线的严肃性和神圣感，让大家对底线失去应有的敬畏之心，反而适得其反。所以，对授权人来说，想方设法提升包容度、缩小包围圈，将授权底线尽可能地压缩到最低限度，既能解放自己，也能成就他人，实乃"一举两得"之策。

诚然，做到这点不易。毕竟是自己的江山，一草一木皆有感情，绝不能等闲视之，更不可轻易抛弃。"敝帚自珍""不肯放手"的心情，是可以理解的。不过还是那句话：唯因如此，唯有其难，方显"领导力"之高贵和难得。

如果你想当个卓越的领导者，有些关，是必须要闯过去的。

不过，从另一方面来说，权力的边界可以划定，成就的边界却很难控制。

你可以限制下属的权力，却无法也不应该限制下属的成就。可问题是，如果下属成就过大，甚至抢了你的风头，盖过你的锋芒，从而令你寝食难安、疑窦丛生，你又该如何处之呢？

所谓的"功高盖主"，也是与权力约束有关的一个极为现实的问题。

在这种情况下，授权者会陷入两难：一方面，不宜采取压制手段；另一方面，对方对自己的权力所构成的挑战乃至威胁也不能忽视。

"功高"本身没有问题，是好事一桩，可是如果达到"盖主"的程度，就意味着被授权人已得到超越自己职权范围的实权，在客观上造成权力的僭越（或至少具备了诱发这一僭越的可能），对授权人的权威构成了实质性威胁。不只如此，由于这一潜在威胁会激发授权人的疑心，对被授权人来说也是弊大于利。

那么，如何才能合理而巧妙地处理这一威胁呢？

显然，被授权人行事低调，不张扬、不越位、不争功，这种自我约束的意识和能力绝对是必需的。对授权人来说，为了避免下属功高盖主现象的发生，也可以采用这样的应对方式：多点授权，遍地开花。也就是说，尽量让不同的领域，甚至同一个领域内部同时出现好几个表现突出的个人，让他们齐头并进、共放光彩。

这样一来，一能起到促进团队内部良性竞争的效果，二能有效中和某个单独个人过分突出的表现，把权力僭越的风险控制在最低限度。

当然，不同的人在能力与业绩表现方面会有较大的差异，在实际操作中，某个人一骑绝尘，其他人则望尘莫及的可能性是存在的。不过即便如此，对授权人来说，也要稳住阵脚，沉着出招：一方面，绝不能刻意贬低前者（跑在前面的人）的特殊功绩；另一方面，对于后者（落在后面的人）的有限成绩也要给予充分的肯定与鼓励。

换言之，两者的待遇可以有差异，但差异绝不可过于悬殊。这并不是不公平，而是团队发展的客观需要。常言道："一花独放不是春，百花齐放春满园"，毕竟团队是一个整体，需要许多人共同发力，而不能把团队的命运寄托在一两个人的身上。更何况，团队中的任何成绩都是协同作业的结果，如果没有同事们的有力配合，某些个人的表现也不可能"一骑绝尘"。如果连这点道理都不懂，功高盖主之人的职业素养，甚至人格健全度便很值得怀疑。

不客气地说，这种人非但不是团队的宝贝，而是团队的祸害，迟早有一天会坏了所有人的大事。

对这样的人授权，你要慎之又慎。

☆　小　结

对授权人来说，想方设法提升包容度、缩小包围圈，将授权底线尽可能地压缩到最低限度，既能解放自己，也能成就他人，实乃"一举两得"之策。

/// 制度化 ///

保证职权发挥最大效率的保护网

不妨把"疑人"和"防人"的工作交给"制度"去完成，从而把"人"解放出来。制度的笼子扎得越牢，人便可以越放心，越能大胆地、毫无保留地去信任。

在划定权力的边界，并解决"功高盖主"的问题之后，下一步需要做的，就是扎紧"制度"的笼子，把权力牢牢地关进笼子里，让它无法作乱。

具体的做法如下：

其一，组织架构的保障。

一言以蔽之，要在组织架构层面，架设起监督权力运行的基础设施。

这样的设施可以以各种层次、各种方式存在。

比如说，在董事会层面设"监察委员会"或"监察董事（监事）"，在日常管理层面设公司"监察部"，对公司不同层级的权力运营情况予以监督，并向相应上级机关汇报工作。

马云在阿里巴巴集团推行的"政委"制度，也很有参考价值。

从本质上讲，"权力的监督"这码事具有明显的政治属性。之所以这样说，有两方面的原因：一来"规规矩矩地使用权力"需要进行教育，这是典型的"政治思想工作"；二来监督和处罚那些"用权不规矩"的人，也是典型的"政治手段"。所以，在公司内部专门设立一个主抓政治思想，处理政治事务的岗位，绝对是有必要的。

至少从阿里巴巴公司长年的实践效果来看，"政委"一职所起的作用可谓"居功至伟""有口皆碑"。

当然，该职位的名称可以有许多不同的叫法，无须千篇一律，只要符合公司实情即可。但百变不离其宗，政治工作的重要性，对权力的授予、使用与监督而言，怎么形容都不过分。

另外，对那些规模比较大、历史比较久、企业文化相对老化甚至僵化的公司而言，建立"内部告发制度"也是一个可选项。

这一制度鼓励员工对企业内部的不正之风进行匿名告发，其存在本身便是一种威慑力，能够对权力的使用形成有效的约束。

许多欧美五百强企业便采纳了这一方法，在很大程度上防止了权力的滥用和腐败的发生。反之，日本企业长期排斥这一做法，长期向员工灌输"无条件忠于公司，无条件服从公司利益"的理念，也造成了近些年日本大企业弊案频出、声誉崩盘的窘境。

不过，建立员工内部告发制度要切记两个要点：

第一，不可矫枉过正。

制度的建成和落地（执行）要尽量低调、尽量隐蔽，切不可大张旗鼓、大鸣大放，人为地制造一种"搞运动"的氛围。

要尽量就事论事、就人论人，点到为止、事过翻篇，切不可无限上纲，一棍子打翻一船人，在公司内部形成一种人人自危、风声鹤唳的局面。

第二，建立有效的保护机制。

无论是对告发人还是对被告发人来说，都要有一个行之有效的保护机制。除非告发人蓄意诬陷，或被告发人罪不可赦，只要不是那种不可原谅的过错，只要有一线回旋的余地，都应予以适当的保护，绝不可把事情搞到山穷水尽、覆水难收的地步。

对被告发人来说，要给他们留下一个改过自新、东山再起的机会；对告发人而言，要绝对确保他们的安全与名誉。

一般来说，人们对"告发者"往往并不会留下一个好印象，甚至会以"背叛者"处之。因此，即便告发者不会遭到被告发者的打击报复，最起码，他们被周边同事反感、疏远、孤立也是一个大概率事件。

所以，尽量以"匿名"的方式对告发者进行保护绝对是必要的。"匿名"有两种方式：对上司"实名"，对同事"匿名"；对上司和同事均"匿名"。

前者适用于需要对告发者予以物质奖励的场合，后者则无须物质奖励。

是否奖励，奖励到什么程度，应以事件的严重性以及告发者的意志为判断依据。重点在于，即便予以奖励，也应仅限于物质奖励，尽量不要进行精神奖励，以免走漏风声、弄巧成拙。

其二，换岗。

换岗，也是控制权力边界的一记妙招。

有一句话叫作"绝对的权力会带来绝对的腐败"。那么何谓"绝对的权力"？一个很重要的构成要件就是某个人在某个岗位上待的时间太久，也就是说，掌握某个特定权力的时间太长。在特定的岗位和权力上长期滞留，好处是可以积累丰富的实操经验，营造坚实的人脉和群众基础，从而进一步巩固自身的职权与实权，大幅度提升做事的效率；坏处是容易形成以个人为轴心的小圈子，营造只属于这个小圈子的特殊利益，并使这一局部利益与团队的整体利益相违背，且这种利益上的偏差出现时极难被识别、被纠正，从而给团队的健康发展带来重大隐患。

可见，在某个岗位与权力上滞留一段时间本身没有问题，但滞留时间过长则有害无益。

因此，解决这一问题的办法也很简单：允许滞留，同时坚决杜绝过长的滞留。当某个人在某个岗位上滞留一段时间之后，一定要及时换岗，使其迅速脱离旧权力，接触新权力。

方法有两个：垂直换岗与平行换岗。

垂直换岗也有两种方式：晋升或降级。

干得好就要升上去，否则则要降下来。这既是"奖勤罚懒""优胜劣汰"的体现，也能有效地规避掌权时间过长所带来的"小圈子"效应及腐败隐患。

平行换岗只有一种方式：在不同的部门中轮换任职。

这种方式比较容易引发争议，特别是在民营企业中往往不太容易推行下去。人们会发出这样的质疑：所谓"专业"，就是一个萝卜一个坑，每个人都去做自己擅长的事；否则就会乱套，就谈不上效率，甚至让人无法做事。比如说，让技术部经理去管财务部，或者让财务经理去管技术，这不是赶鸭子上架，乱弹琴吗？

诚如此言。"专人做专事"的理念本身没有问题，问题在于，你最终想培养的是什么人？是能够统领全局的领导者，还是一个具有"一技之长"的专家？换言之，你想拥有的是什么素质？是领导力，还是某项专业技艺？

如果是后者，显然这个人不适合做领导，甚至不适合搞管理，只适合做一个"高级工程师"或"高级会计师"；如果是前者，那么他必须全面发展，绝不能满足于只做某个单一领域的专家。

事实上，真正适合做领导的人，往往具有非常全面的潜质，甚至有着某种神奇的魔力：他们常常能不可思议地迅速摆平"跨专业"的门槛，在本不属于自己专长的领域发光发热。从这个意义上讲，"领导"本身也是一种专业，而这一专业的必需素养就是"领导力"。只要一个人是块做领导的料，身上有着某种程度的领导力潜质，那么"跨专业"甚至"跨行业"对他来说非但不是一个苦差事，反而是一种令人兴奋的挑战与机遇。

换个角度来说，如果授权人真的想栽培、提拔某个人，那么通过换岗授权的方式，强制性地给对方创造一个在不同专业领域适应和锻炼的机会，对其领导力的养成也是极为必要的。

没错，将技术部和财务部的经理对调，表面上看好像哪儿也不挨着，有些强人所难；可是往深里想想，这个事儿也不难理解：除非技术部和财务部的经理一辈子也不想升职，否则，如果他们二位的职场终极理想都是当总经理甚至董事长的话，有朝一日不照样得同时掌管技术和财务两个部门的工作吗？既然如此，为了那一天提前做做准备，又有什么不好呢？

当然，"外行管内行"是职场大忌，换岗任职也要有个过渡阶段和适应过程。处理方法也很简单：初到岗时，完全可以给他配一个技术过硬的副职，由这个人全权负责具体业务的运行；正职的任务则是领导、管理和学习。

换言之，前者抓业务，负责处理本部门的日常事务性工作；后者抓政治，并在此过程中尽快掌握业务的基本逻辑和发展脉络，从而尽快让自己具备"领导业务健康发展"的能力。二者的搭配如能珠联璧合，必然能发挥出"一加一大于二"的效果。

顺便说一句，"业务""管理"与"领导"这三个概念是截然不同的。

懂业务未必会管理，懂管理未必会领导。三者相比，领导最大。一个团队只要有了好领导，管理人才与业务人才必能各就其位、各显其能，彼此相得益彰、大放异彩；反之，如果一个团队没有好领导，即便拥有出色的管理与业务人才，也会被耽误、被埋没乃至被摧残。

现实世界中这样的案例不胜枚举，相信每个人都经历过或听说过，在此不再赘述。

总之，平行换岗的好处多多，除了能够起到约束权力边界的作用，还具有极强的培养、锻炼人才的效果，不妨拿来一用。

其三，汇报制度。

汇报制度的建立也很重要。

领导为什么会疑心？很大程度上是因为信息不透明。我可以不干涉你的工作，可你必须让我知道你在干什么，是怎么干的。不知道，就会怀疑。此乃人之常情。

对被授权人而言，向授权人及时请示汇报，不仅仅是走形式，而是必须要尽的义务。是为"程序正当性"或"程序合法性"。

程序正当，并不总是有用，但迟早会有用。

一来，它可以起到防范和震慑的效果，也就是强力约束的效果；二来，关键时刻它甚至能救你的命。

举两个简单的例子：警察的存在，并不意味着每天都要抓坏人，可却能有效地震慑坏人，让他们不敢轻易做坏事。在行驶的车辆上系安全带的习惯，并不一定意味着每天都有遇到交通事故的可能，可关键时刻却能救你的命。

总之，天上的云彩很多，你并不知道哪片云彩上有雨，即便天气预报也未必回回都准。所以如果你害怕淋雨，养成每天出门带上把伞的习惯绝对没有坏处。

这就是所谓"程序正当"的作用。遵循程序、恪守规矩，不是为了"一万"，而是为了"万一"。

向领导请示汇报工作也是如此。尽管并不是每一次的请示汇报都会起到切实的作用，可这种行为本身对你而言就是一种无形的约束，等于在不停地提醒你"谁是真正的老大""你的立场是什么""做事边界是什么"，从而让你在工作中能够做到戒慎恐惧、步步为营，将事情处理得更圆满一些、更周全一些。不只如此，一旦事情没办好，责任也能更分明，不至于所有的锅都让你一个人背。更何况在请示汇报的过程中，万一领导能给你一些及时有效的指导与点拨，那则更是雪中送炭或锦上添花之举了。

总之，信任是授权的前提。绝对的信任才能带来绝对的发挥、绝对的执行。反之，任何的不信任都会给授权行为中的双方带来障碍，从而影响执行的效果和效率。"疑人不用，用人不疑"，就是这个道理。可是另一方面，自古以来"防人之心不可无"，此亦为人之常情。所以，不妨把这"疑人"和"防人"的工作交给"制度"去完成，从而把"人"解放出来。制度的笼子扎得越牢，人便可以越放心，越能大胆地、毫无保留地去信任。

换个角度来说，绝对的信任本身，也能在团队内部形成一股巨大的张力，编织一张无所不在的大网，对坏人坏事形成强大的威慑，令其无所遁形、无法得逞。

这是一个简单的心理学原理和人性的逻辑。

只要你是个人格健全的人，那么受人所托、被人信任，特别是得到他人绝对的信任绝不是一件轻松的事。它会形成一种巨大的负担，压得你喘不过气。这样的负担与压力会极大地影响你的思维与行为，让你身不由己。

在这种压力笼罩下，你不但会以严苛的标准要求自己，也会以相同或相似的标准要求别人。这就意味着，如果自己或他人做了出格的事，对不起乃至背叛了这份信任，你是不会轻易原谅的，更不用说坐视不管。

对授权人而言，这是一个巨大的福音。意味着"疑人"这个事儿不用你亲自去做，别人会帮你做。如果你的团队出现害群之马，自有人会将他们揪出来，让他们得到应有的惩罚——因为你的信任对于被信任的人来说等于欠了你一份人情，他们会用这种方式来偿还这笔人情债。

一旦团队的运作进入这种良性的、自律性循环当中，授权人本能的疑心也便自然烟消云散了。

在这方面，"海底捞"的例子便颇为经典。

要知道，在海底捞，连最基层的服务员都有给客人免单的权利，前提是客人对用餐过程产生了任何的不满。

这是一种惊人的授权方式，源自老板对员工的无条件信任。

普通人可能会感到很费解：这么个极端的做法，还不得腐败丛生，让老板破产啊！可事实上老板非但没破产，反而把生意越做越红火，赚得个盆满钵满。

为什么会这样呢？理由很简单：一旦他们动了歪心思，就会被同事揭发，从而受到惩戒。

揭发者的动机也很简单：老板这么信任我们，你们怎么可以背叛老板？这也太没良心了吧？

言语很朴实，内涵却很深刻，值得为授权一事烦恼不堪的团队领导们反复咀嚼、深思。

☆ 小 结

绝对的信任本身，也能在团队内部形成一股巨大的张力，编织一张无所不在的大网，对坏人坏事形成强大的威慑，令其无所遁形、无法得逞。

第三章

领导力落地：提升团队执行力，
　　　先从领导者自己下手

⫻ 决策 ⫻

越卓越，越能做其他人做不了的决定

"选择"的意义与价值在于结果的不可预知。这就意味着风险，意味着责任。谁敢，以及谁能承担责任、驾驭风险，谁就能成为"领导"。

领导者的工作是什么？

简单来说，做决策、下命令。

先说决策。

决策是命令的前提。没有一个好的决策，你的任何命令都将徒劳无功，甚至适得其反。

那么，什么是决策呢？

所谓"决策"，就是从一大堆备选方案中，选择一个最佳方案出来。

这就意味着，那个最终方案，也许是你自己想出来的，也许是下属提供的。总之，"方案是谁的"不重要，"选哪一个"才真正重要。

许多人不能透彻地理解这个道理，容易对领导者的职能乃至能力产生种种误解。他们往往认为"领导"是一个太容易做的工作，无非是借花献佛，抢下属的风头罢了。换言之：招儿，是大家想的；事儿，是大家办的；功劳，却是领导的。这玩意儿谁不会做啊！是个人都能当领导！

殊不知，"选择"二字绝非那么简单，其价值之珍贵、意义之重大怎么形容也不过分。

让我们做一个简单的比喻。

比如说，一群游客在野山林里迷失了方向，来到一个岔路口。此时，他们的面前有许多条路，许多种选择。

一切都是未知数。唯一可知的是，摆在眼前的诸多选择中，有一些是生路，有一些是死路。也就是说，区区一个"选择"，便会决定大家的生死。

这个时候应该怎么办？

显然，无论所有路都是生路，只有一条是死路；还是所有路都是死路，只有一条是生路。只要存在"生"与"死"两种可能，"选择"，特别是"最终选择"这件事便绝不轻松、绝不简单。

可见，"选择"的意义与价值在于结果的不可预知。这就意味着风险，意味着责任。谁敢，以及谁能承担责任、驾驭风险，谁就能成为"领导"。这件事非同小可，绝非常人所能胜任。

首先，这需要一个人具备足够的经验，才能确保不至于盲动、莽动。

其次，这需要一个人具有足够的胆识和气魄，才能意志坚定地做出选择，并带领大家往前走。

最后，这还需要一个人具备足够的智慧、洞察力与逻辑分析能力，能够高屋建瓴、登高望远，把"不可预知"在一定程度上变成"可预知"，从而尽量降低选择的风险，让大家至少得到暂时的安心。

要知道，许多事如果你只需为自己负责，事情则简单得多。你可以异常轻松地做选择，成了固然可喜，败了也无所谓。无论结果如何，你都能做到心安理得、进退自如，无须为谁负责。可如果你不是一个人，而是要为一群人做选择，事情就麻烦了。你的抉择将影响一群人的利益和命运，这份责任与压力的规模之大、强度之残忍，绝非常人能够想象。

所以说，"事后诸葛亮"谁都能做，能做"事前诸葛亮"的人却寥寥可数。这便是"选择"与"领导力"的厉害之处，不由得你不服。

事实上，别说备选方案中充满陷阱，即便所有方案都是极佳的方案，都能为大家带来不菲的利益，"做选择"这个事儿依然重要，甚至更重要也未可知。

理由很简单：正因为所有方案都利益不菲、事关重大，所以做选择便会更艰难，也更可贵。

每一个选择都意味着巨大的机会成本（因为你要同时放弃其他选项），如何将最终选项的成本控制在最低，是一项艰巨的任务。

举个简单的例子：比如说你同时被清华、北大和复旦大学录取，这会是一个轻松的选择过程吗？

如果你有起码的理智，相信便不会做出肯定的回答。

可见，无论备选项的成色如何，在选择之前，"不可预知性"永远存在。只要这一属性不改，选择，尤其是为大家做选择将永远是领导者的使命，是全体团队成员的依托。

所以，无论备选项是谁想出来的，最后的选择是由谁去落实的；或者换个说法，哪怕所有的工作都是下属做的，领导者只负责"做选择"这一项工作，这份工作的价值也绝对不可小觑，轻视这一价值的后果不堪设想。

无可否认，领导者绝非圣人，也会做出错误选择，而且概率不小。一般情况下，在每十个选择中，领导者能取得"一胜二平七负"（一个高明的选择，两个平庸的选择，七个失败的选择）的成绩，便已属不易。因为即便是这样，他们的平均成绩也会比大多数人强得多，因此依然是合格的领导。

当然，责任与权力成正比。如果在事关生死的关键事项上领导者发生严重选择失误，则必须对其追责，使其受到相应的惩戒。这也是常识，无须赘述。

说完决策，再来说说命令。

如果说"决策"，是从一大堆备选方案中，选择一个最佳方案出来，那么"命令"，就是执行这个方案。

当然，执行方案的人，通常来说不会是领导者本人，而是下属、是团队。

这是一个借力打力的过程，用人办事的过程。而驱动别人去做事，本身就是领导力的体现，是领导者重要的使命与工作之一。

"下命令"这个事儿看似简单，实则不然。与"做决策"相反，在"下命令"方面，往往领导者本人产生的误解，要比下属更多。说得更具体点，领导者常常容易曲解命令的意义，忽视命令的技巧，从而令下属无所适从，无法准确、高效地执行命令，并拿出令人满意的结果。

他们往往会这样认为：我的工作是下命令，你的工作是执行。至于如何执行，执行得好不好，那是你的事，你的责任，与我无关。我又不是你的保姆，凭什么要把你伺候得那么周到，你自己是干什么吃的，难道没有一点点主观能动性吗？

表面上看，这样的想法似乎有些道理，无可厚非。可是往深里想一想，能有这种想法的人真的不配做领导。

没错，主观能动性是下属员工必备的素质；灵活机动地执行命令，竭尽全力达到领导的要求与目标也是下属员工应尽的义务。问题在于，身为领导，你真的会下命令吗？你的命令真的清晰明确，具有较强的可操作性吗？

如果答案是否定的，那么首先你自己的命令就有问题，是一个残缺不全，甚至无法成立的命令。既然如此，你又有什么资格苛求下属坚决地执行命令，拿出你想要的所谓"结果"呢？

这完全是自相矛盾的逻辑。

顺便说一句，在"命令"这件事情上，"强人所难"没问题，"自相矛盾"则有问题。"逻辑是否通顺"要比"困难与否"重要。

困难，是正常的，也是应该的。一个完全没有困难的命令，在很大程度上是一个没有意义，不值得执行的命令；可如果逻辑不通，命令本身则很难甚至无法成立。这样的命令，是不可能得到执行的，更不用说有效、全面地执行了。

这就要求我们的领导者一定要在"下命令"之前，做好充分的准备工作。不能靠拍脑门，靠一时冲动、异想天开来做决策、下命令。

那么，在下命令之前，领导者需要做哪些准备工作呢？

首先，在下命令之前，领导者已经做了一个选择，而且是最终选择。亦即我们常说的"决策"。既然如此，那么这道命令的使命，便是确保决策能够落地，能够实现。

这就需要我们的领导者，要对这个决策的可行性进行深入研究，做出合理规划，找出若干重点，从而令与这个决策有关的命令条理清楚、责任明确、手段具体，便于下属的执行。

举个简单的例子。

影视圈的大多数导演，都有在影片正式开机前画分镜图的习惯。

为什么要这么做？

除了让自己对影片的整体呈现方式更加胸有成竹之外，一个很大的原因在于，要让全体剧组成员清晰地了解自己的意图，从而能够更好地执行自己的意志，让自己对于影片的最终设想能够得到较为完美、较为全面的实现。

换句话说，下达"开拍"的命令很简单，但如何拍，拍成什么样，关键的细节如何处理，是否有做到这些细节的条件、资源以及手段，这些环节的缺失将让影片的拍摄本身充满矛盾，甚至最终流产。

如果你下定决心选择了一条路，那么剩下的事应该怎么办？

是带领大家一起踏上这条路，硬着头皮一股脑地走下去？还是先派遣一个小分队去探探情况再做打算？如果是后者，那么这个小分队需要几个人、需要什么样的人？他们是否需要带一些水、粮食和其他的一些设备？这些资源团队里有没有，有多少，能把多少分拨给他们？在他们探路的过程中，到底有什么注意事项？他们应该走多远？当遇到什么情况或达到什么目的时就可以回头？万一发生意外应该如何应对？有可能发生的意外是哪些？需要提前做些什么样的准备？

当然，这份清单还可以拉长。比如说，小分队的工作由谁去配合？怎么配合？万一小分队侦查的结果不尽如人意，这条路走不通，我们下一步应该如何选择，到底要走哪条路呢？等等。所有这些要素，都需要不同程度地体现在团队领导的"命令"里。

正因为决策的厉害在于未知，而命令，意味着勇敢地面对未知去执行，所以在"下命令"这一环节中，倾全力对付"未知"便是一个决定性的操作环节，万万不可大意。要尽可能地将"未知"，尤其是那些至关重要乃至事关生死的"未知"要素提炼出来，重点应对。在这一点上，要有"不怕一万，就怕万一"的观念，要尽量设想得周全一些、缜密一些，做好充分准备，拿出所有预案。哪怕最后的事实证明自己完全是杞人忧天也在所不惜。

这便是"牛刀杀鸡""举轻若重"的逻辑。

顺便说一句，在"决策"这件事情上，领导者的"举重若轻"和"举轻若重"都是必要的。也就是说，做决策时既要胆大包天，又要心细如发。但是，在"下命令"这件事情上，与"举重若轻"相比，"举轻若重"则显得更为重要。

理由很简单。命令，意味着执行；执行，意味着对决策的实现。如果说决策是"空"的，依然属于纸上谈兵的阶段，那么命令则是"实"的，意味着要动真格的了。所谓"想到容易，做到难"，如果仅仅是"想"，一切皆有回旋的余地；可如果是"做"，便会覆水难收，没有后悔药可吃了。

对领导者而言，既然"决策"和"选择"已经是一件"压力山大"的工作，那么来源于"命令"的压力也便可想而知了。

所以，如果做决策需要你慎之又慎，那么在下命令这件事上需要你慎重的程度则有过之无不及。这便是"举轻若重"的逻辑。

遗憾的是，在现实世界里，许多领导者的表现却未能尽如人意。一般情况下，大多数领导者都能够慎重地做决策，可却偏偏喜欢轻率乃至轻浮地下命令，然后将执行不力的责任随意地推给下属。这实在是张冠李戴、南辕北辙之举，与"领导力"三字的要求相去甚远。

☆ 小 结

正因为决策的厉害在于未知，而命令，意味着勇敢地面对未知去执行，所以在"下命令"这一环节中，倾全力对付"未知"便是一个决定性的操作环节，万万不可大意。

/// 命令 ///

理解到位，才能执行到位

> 你的命令下达得越详细、越彻底、越周全，下属执行起来效
> 率就会越高，结果就会越好。反之亦然。

有人说了：你的要求也太苛刻了吧？让团队领导在下命令的时候做那么多预备工作，还有效率可言吗？而且，领导也不是圣人，怎么可能提前预知到那么多情况，并能在事前便做出妥当的安排呢？这也太难为人了吧？

没错，效率是个问题，可也要正确地理解"效率"的含义。

效率是什么意思？是你的效率还是下属的效率？如果是前者，那么你不是一个适合下命令的人，而是一个适合执行命令的人；如果是后者，你才配做下命令的那个人。

事实上，你的命令下达得越详细、越彻底、越周全，下属执行起来效率反而越高，结果反而越好。反之亦然，模棱两可、逻辑不清的命令，只能严重地影响下属执行的效率，侵蚀下属执行的结果，让许多事徒劳无功、一再反复，反而浪费更多的资源、时间和精力。特别是大把的钱财和物资，这些都是实打

实的真金白银，就这样白白地流失，未免过于可惜。

至于说到"圣人"，没错，领导就是圣人，至少要以圣人自居。因为在团队里，只有你的经验最丰富，只有你最有魄力、最有智慧、最有洞察力，所以你必须有能力看见别人看不见的风景，想到别人想不到的要害，做到别人做不到的事情，从而有能力在事前便做好万全的准备。如果不是这样，那么只能说明你不适合做领导，不是干这个的胚子。

在这方面，部队里的做法值得我们参考。

众所周知，在部队里，有参谋长这个职位乃至参谋部这个机构。"参谋"是什么意思？简单点说，就是为领导出谋划策，协助领导做决策，同时深刻领会领导的意图，并将这一意图准确无误地传达给承担执行过程的下属。

换言之，命令的逻辑是否通顺，重点是否明确，是否具有较强的可操作性，这些关键细节既是领导的义务，也是参谋的职责。这就意味着，即便领导的意图比较模糊、比较抽象，看上去"不那么具有操作性""不那么可执行"，参谋们也应该开动脑筋想办法，为领导的意图捋出一个清晰的逻辑，使其充分可落地、可执行。否则，参谋们就有义务给领导提意见和建议，帮助领导修正他的意图，直到其具有充分的落地性和执行性为止。

总之，只要参谋们忠实地履行了这个职责，就能确保命令得到有效、全面的执行。

部队是这样，企业也是如此。如果企业里没有"参谋"这一岗位，那么领导者本人就要亲自承担同样的职责。

这也是一个常识，是"领导"这份工作的常识。不懂得这一点，是不适合做领导的，更谈不上什么领导力。

在"下命令"这件事上，领导者还要高度重视"复述"的重要性。

所谓"复述"，就是让你的下属在接到命令后迅速重复一遍，以便确认其是否真正记住、弄懂了命令的最终目的以及执行时的所有要点。

这样做绝非浪费时间。事实上，大多数时候下属接到上司的命令后都会或多或少有些茫然，而这种感觉在很大程度上是对命令不够理解甚至完全无法理解造成的。所以，下属是否"认可"你的命令不重要，因为无论认可还是不认可他都得执行；问题在于，如果下属不能充分"理解"你的命令，那就要坏大事，会让你的命令形同虚设，根本无法执行，更不要说有效执行了。

当然，时机紧迫，必须雷厉风行。有的时候你下命令的时间可能只有一分钟，可即便如此，你也同样要拿出一分钟的时间让下属复述一遍。如果对方的复述有误，你还要再拿出一点时间重复几遍"命令"与"复述"的过程，直到对方准确无误地完成这一程序为止。

别担心。所谓"磨刀不误砍柴工"，如果你"浪费"掉的这点时间能够换回一个较高质量的执行过程与执行结果，那绝对是值得的。反之，如果你的下属懵懵懂懂地"得令而去"，把命令执行得乱七八糟，那将浪费你更多的时间、精力与资源。给他们的行为擦屁股，将是你噩梦的开始。

看过《三国演义》的人都知道，诸葛亮素有"料事如神，用兵如神"之称，这一点尤其体现在"下命令"上面。

不夸张地说，诸葛亮下命令，等于是亲手奉上一本"傻瓜式"的《完全执行手册》，里面的内容那叫一个详细，那叫一个稳当，可谓"面面俱到""滴水不漏"：敌方由谁带队，有多少人马、多少文官武将；哪些人是真正的重点人物，这些人都有什么样的性格和行为特征，哪些特点可以为我所用，以求避实击虚之效；敌人大概会走哪条路，那条路周边都是什么地形；我方将领需在哪里设伏，谁负责佯攻，谁负责实打，谁负责接应；一旦开战，战局的发展大概会有几种可能，每种可能性下我方应该如何因应，等等，命令的全部细节清清楚楚、明明白白，做下属的基本上只需照本宣科、按部就班地执行即可，完全不必担心任何意外发生。因为这本《手册》中已经包含了所有潜在的意外，实际情况只会更好，而不会更糟。

这种下命令与执行命令的模式有个巨大的好处，就是上司与下属之间能够建立起牢不可破的信赖关系。这种程度的信赖关系一旦形成，团队的整体运作便会进入一种良性循环，从一个胜利走向另一个胜利。

这是"领导力"的最佳状态。

可能有人会发出这样的疑问：领导包办一切不太好吧？那岂不是剥夺了下属随机应变的灵活性和开拓创新的主观能动性，把下属全都变成了"机器人"？

我的回答是：这种情况不太可能发生。

理由如下：如果领导是一个"常胜将军"，从而令下属发自内心地信服，他们就会自觉地见贤思齐，下意识地模仿、学习领导的思维和行为方式。这就意味着在执行命令的过程中，下属的行为绝不会是机械的、僵化的，而必然会是有机的、灵活的。换句话说，下属执行的不仅仅是命令的"壳"，还有命令的"魂"。此时的下属与上司，其实已经浑然一人，完全融为一体了。

就拿前面那个例子来说，与敌方相比，诸葛亮的下属往往显得更加有勇有谋、灵活机动，就是一个明证。事实上，如果下属全都是毫无主见、被动消极之辈，诸葛亮也不可能"百战百胜，用兵如神"。

同样的道理，如果领导是一个"常败将军"，那么他必然不能得到下属员工发自内心的信服。在这种情况下，下属员工也不可能不发挥自身的主观能动性，以图打破僵局，重获新生。

总之，精于细节、拘于小节，亦即"举轻若重"的命令方式是可取的。其意义在于，这种命令方式不但在事前提供了一条明晰的行进路径，而且在事后提供了一条可供追溯的完整路径。这样一来，无论最后的结果是好是坏，是把事儿办成了还是把事儿搞砸了，经验的发扬与教训的汲取都能做到有据可依、有条不紊。对团队来说，这些都是宝贵的积累、珍贵的营养，在未来的日子里，会发挥巨大的作用。而所有这一切，模棱两可、逻辑不清的命令方式是做不到的。

因此，那些"我是故意把命令说得模糊一点，好给下属留下一个发挥空间"的说辞，可以休矣。

给下属发挥空间没有问题，但命令必须明晰、准确，模糊不得。否则，你的说辞就会变成一个托词，只不过是给自己找个台阶，好在命令执行不力时，将责任推给自己的下属罢了。

☆ 小 结

精于细节、拘于小节，亦即"举轻若重"的命令方式是可取的。其意义在于，这种命令方式不但在事前提供了一条明晰的行进路径，而且在事后提供了一条可供追溯的完整路径。

/// 控 制 ///

要"成就"下属，而非"限制"下属

"控制"是"执行"的基础和保障，而这是领导者不可推卸的职责。

说完了决策和命令，再来聊聊"控制"的话题。

做了决策，下了命令，就万事大吉了吗？

显然不是。不客气地说，决策与命令虽然重要，但只是万里长征的第一步，接下来才是真正动真格的时候。

这个"真格"，就是"控制"。

经常听到某些领导说这样的话：我的任务，就是（只是）发布命令。剩下的事儿由你们去做。你们的职责就是在规定时间内把结果摆到我的办公桌上。

听起来非常豪迈，也非常利索，可如果这些领导真的是发自内心地这么想，那么显然他们是失职的。他们的"摆谱"举动非但没有提升自己的身价，反而暴露了自己的外行。

没错，"控制"才是执行的基础和保障，而这是领导者不可推卸的职责。

从某种意义上讲，"控制"本身也是一种执行，是确保执行的"执行"。只要做好了"控制"这一环节，领导就等于在事实上亲自"执行"了自己下达的命令，将一切牢牢地掌控在自己手中。

必须强调的是，这样的"控制"绝不是越俎代庖，剥夺下属的执行权；恰恰相反，正确而高效的控制，反而能够充分激发下属的主观能动性，让下属的执行权得到最大限度的发挥。

换言之，正确而高效的控制，对于下属的执行来说应该起到指引方向、保驾护航、监督纠偏、维持促进的作用，这是一种强大的辅助功能，具有明显的赋能效果。反过来说，如果你的下属感到束手束脚、无所适从，那么你的控制则完全是画蛇添足之举，还不如放弃控制，以图"无为而治"之效。

那么，什么样的控制会让下属束手束脚、无所适从，因而是错误而低效的控制呢？

主要有以下几种可能：

其一，模棱两可、自相矛盾、逻辑混乱的控制。

朝令夕改、混乱无序，是控制的大忌。做领导的人逻辑错乱，想起一出是一出，是最令下属头痛的事情。

举个简单的例子。

有些上司在下属执行命令的过程中，出于对下属的不满或不信任，往往会越俎代庖、粉墨登场，所有大小事宜一把抓，剥夺对方的执行权，等于在事实上将下属晾在一边。然后在任务完成之后，特别是在任务的完成发生某种瑕疵的时候，迁怒于下属的"不作为"，严厉地指责下属，推诿自身的责任。

这是一种最糟糕的情况。下属的委屈自不必说，整个命令的执行体制遭到严重破坏才是最致命的后果。

常言道"没有规矩，不成方圆"。如果下属接到命令之后，完全不知道接下来会发生什么，自己到底应该往哪儿走、怎么做，你的命令与控制又有何意义呢？

没错，下属的执行未必完美，须有上司把关、纠偏。但"纠偏"不是"取缔"，基本的游戏规则还是要有，而且必须得到足够的尊重。所有的纠偏行为都要在下属的执行权得到充分尊重的前提下进行，这样才能一以贯之、一气呵成。绝不能稍有不满便横加干涉，仗着上司的权威任意蛮行。否则，你的任性只会害死自己，最后导致"公司里只有上司一人忙碌，所有下属只能无所事事、袖手旁观"的局面。

其二，过于执拗的控制。

源自上司过于执拗的控制也会让下属手足无措、无所适从。具体地说，执行过程中的每个环节都可丁可卯，不允许下属有任何自由发挥的空间，也会影响控制的效率。

需要强调的是，对于新手而言，执拗的控制甚至绝对的控制是必要的。新手无须有太多的主观能动性，也不应有太多自由地发挥，他们唯一的任务是"学习"与"掌握"，让自己迅速成熟起来。为达此目的，绝对的执行是不可或缺的，是成熟的必经阶段。而做到这一点，最简单的方法，就是源自上司的绝对控制。

不过，对于比较成熟的下属来说，预留适当的发挥空间与转圜余地是有益的。只要他们的基本思路与上司的意图大体合拍，彼此心领神会、默契深厚，下属的发挥便必然能成为点睛之笔，属于领导意志的自然延伸，完全可以予以鼓励与张扬。不夸张地说，在这一过程中，深谙上司意图的下属甚至有可能通过自己的自由发挥为上司纠偏，对上司的命令形成有效的补完效果。这样的案例古今中外绝不鲜见，足以为领导者和管理者借鉴。

当然，这种情况一定要以上司与下属之间存在绝对的信任为前提。否则，如果下属不能得到上司的信任，那么他们的能力越强、越成熟，就越会引发上司的不安，从而为自己招来执拗而绝对的控制。

这种案例在现实世界中屡见不鲜，几乎已经成为职场中的常态。但是，其后果也一目了然，那就是糟糕的执行力以及上下级之间紧张的关系。之所以许多团队人才济济却业绩不彰，其根本原因就在这里。

可见，说一千道一万，"信任"是团队得以生存的基础。没有了起码的信任，以至于只能通过强力控制去为领导提供安全感，是一个团队最大的悲哀。

其三，极端预期的控制。

过分的可预期与过分的不可预期，都是低效的控制。前者会让控制流于形式，从而给下属跟上司玩猫腻留下足够的空间，创造大把的机会；后者则会扰乱下属的执行节奏，破坏执行的连贯性，从而降低执行的效率，影响执行的结果。

反过来说，极端的可预期与极端的不可预期也有相应的优点。前者的稳定性有利于保护下属的执行节奏，后者的出其不意则有利于监督下属的越轨（或不当）行为。

所以，尽管是一个至难的命题，对于"控制"这件事来说，领导者还是要张弛有度，尽量把握好预期的分寸，让"控制"的可预期性保持在一个相对适中的程度。这样做，既能让下属在执行的过程中对源自上司的控制有必要的心理准备，也能为下属恪守职责、使命必达的义务心理提供必要的促进力与威慑力。

总之，只有解决了上述问题，你的控制才是正确而高效的，你的命令才有可能得到相对完美的执行，最终收获相对圆满的结果。

下面再来聊聊具体的控制手法：

一言以蔽之，任何有效的控制，都应以汇报反馈制度的建立与夯实为基础。

对下属来说，只要在执行的过程中，能够做到向你的上司勤请示、常汇报，就能帮助上司高效地完成控制的过程。

还是以战争年代的军队为例。

在任何一场战役中，"参谋部"的具体工作是什么？简单，四个字而已：收发电报。通过电报，在统帅与下属将领之间传递信息。具体地说，统帅的命令要通过参谋部的电报发给下属部队，作战部队的请示汇报也要通过参谋部的电报反馈给统帅。

所以，在战争中，参谋部的工作往往是最为忙碌的。每天要收发无数的电报，让交错行走于空中的电波指导战争的走向。

打仗如此，经营企业、管理团队也是如此。

无论你的团队中是否有"参谋"这一岗位设置，参谋们做的事，以及支撑这种做事体制的游戏规则，在团队中也一样不能少。

那么，这一游戏规则又应该如何建立呢？

让我们来看一下。

如果我们将命令分为大小两种，将大命令分拆成若干小命令，是控制执行的标准方式。那么在这个过程中，大小命令由谁去下，如何下，效果是截然不同的。

具体地说，上司下达命令，以及在命令执行的过程中进行控制，有如下几种方式：

其一，上司同时下大命令与小命令。

大命令与小命令都由上司做主，是一种绝对的控制方式。这种做法的好处是可以绝对确保上司的意图得到贯彻执行，坏处是下属缺乏灵活机动的发挥空间。

所以，绝对的控制需要绝对的信任，而绝对的信任则来源于绝对的成绩或绝对的威信。换言之，要么上司是一个公认的"常胜将军"，已经用自己的彪炳战绩在下属心中形成极高的威信；要么上司是一个人际沟通的高手，极其善于协调自己与下属之间的关系；要么上司同时具备上述两种特质，否则，绝对的控制将适得其反，非但不会让下属忠实地执行上司的意图，反而有可能"官逼民反"，让上司的意图在执行的过程中严重走样乃至彻底破产，因此需要慎之又慎。

其二，上司下大命令，下属下小命令。

大命令由领导去下，小命令则由现场指挥官，也就是具体负责执行的下属去下，也是一种比较典型也比较有效的执行控制方式。

有两种不同的操作方法，亦即小命令需备案与不需备案。

下属的小命令是否需要在领导这里备案，对具体执行来说，在灵活度方面是有所不同的，所以需要上司慎重处理。

对重要的任务，或者任务执行过程中的重要节点，宜采取备案的方式，以便领导对这些环节进行强有力的控制。反之则应采取无须备案的方式，以便下属能有足够的机动空间。

其三，上司下大命令，同时将小命令变成小建议。

大命令由上司做主，同时在下属执行的过程中不断地给出小建议。也就是说，小命令还是由下属去下，而上司只给这一过程提供小建议，至于这些小建议是否被采纳，完全由下属做主。

小建议与小命令的区别是，前者没有强制性，无须追责；而后者则有强制性，必须追责。这就意味着，哪怕下属错误地拒绝了上司的小建议，从而导致执行的失败，下属也无须为此负责，真正需要负责的是上司本人。

可见，采纳"小建议"的控制方式，需要上司具备一定的魄力和胸怀。既能大方地包容下属，也能勇敢地承担责任，这本身就是一种"领导力"的体现，是衡量一个上司是否成熟的重要标志。

毕竟"胜败乃兵家常事"，做上司的人，必须学会包容，学会承担，要拿得起放得下。

其四，上司只下大命令，不下小命令，也不做小建议。

这是一种将命令的执行过程完全托付给下属的方式，是一种典型的无为而治的做法。不过，这种"大撒把"的操作方式也意味着较大的风险，需要上司对下属的人格和能力具有绝对的信任方可采用。

其五，借力特殊的制度安排。

上司只下大命令，不下小命令，也不做小建议，而是通过某种制度安排对下属的执行过程进行控制。

比如说，给具体负责执行的现场指挥官配备一个行政专员，也就是前面提到过的"政委"一职，就是一个很好的做法。

特别需要强调的一点是，绝不能将这个岗位理解成"领导安插在现场指挥官身边的心腹或细作"的角色。如果给负责一线执行的下属留下这样的印象那就糟了。对下属来说，上司的这种行为不啻为一种侮辱，是严重的不信任的表现。因此会招致他们的反感乃至反弹，从而严重地影响执行的效率与结果，可谓得不偿失。

所以，鸡鸣狗盗的举动完全不可取，光明正大地定制度、立规矩才是正道、王道。

话又说回来，在任何一个团队中，行政工作乃至政治思想工作本来就应该是一种常态，应该得到强有力的组织保证和制度背书。这是一件天经地义的事情，完全无须遮遮掩掩。

事实上，在任务，特别是那些重要任务的执行过程中，政治动员、纪律约束与大量的事务性管理本身就是重要的构成要件，万万大意不得。

激励员工的斗志，处理员工的抱怨，执行团队的纪律；协调各兄弟部门的关系，确保后勤保障，完善资源调度；充当现场指挥官与上司之间的沟通桥梁，为现场指挥官出谋划策，分忧解难；调和所有团队成员的人际关系，使大家都能放下顾虑，轻装上阵……所有这些都是行政专员的工作内容。

显然，这样一种存在对于现场指挥官来说绝对是强有力的助手，而不是负责监视的"细作"；绝对是一个上下级之间人际摩擦的缓冲带，而不会挑拨上下级关系，激化人际摩擦。因此绝对是一个福音，而不是巨大的麻烦；绝对值得欢迎，而不是反感和排斥。

同样的道理，通过这样一种制度安排完成上司对下属任务执行过程中的控制程序，也必然是所有参与者共赢的最佳方式。

☆ 小 结

正确而高效的控制，对于下属的执行来说应该起到指引方向、保驾护航、监督纠偏、维持促进的作用，这是一种强大的辅助功能，具有明显的赋能效果。

/// 闭环 ///

硬化软指标，在循环中强化执行力

命令的执行如果能够为我们带来"成果"固然可喜，可即便不能得到成果，我们至少也要追求一种"结果"，给整件事情一个交代，为其画上一个句号。

命令，需要执行。那么执行完毕之后呢？该怎么办？

或者换一个问法，应以什么为标准，来判断命令是否已经被执行"完毕"了呢？

这个问题不简单。解决不好这个问题，命令的"执行"甚至"命令"本身很有可能流于形式乃至形同虚设。

一言以蔽之，任何命令以及命令的执行都需要以结果为导向，需要进行闭环处理。也就是说，需要给命令以及命令的执行画一个句号。

既然是"句号"，无非有两种可能，一种圆满，一种不圆满。圆满的句号固然可贵，不圆满的句号也有其价值。也就是说，命令的执行如果能够为我们带来"成果"固然可喜，可即便不能得到成果，我们至少也要追求一种"结果"，给整件事情一个交代，为其画上一个句号。

这就是结果导向、闭环处理的逻辑。

遗憾的是，在现实世界中，真正明白这一点的领导者与管理者可谓凤毛麟角。他们总是习惯下命令，却并不关心执行，更不关心结果。其"结果"就是，命令下了一大堆，却大多虎头蛇尾、不了了之，成了典型的"烂尾工程"。这就会导致命令的大量重复以及资源的极大浪费。这样的团队无异于空转，表面上看似乎每个人手头都有一大堆事在做，每天都忙得不可开交、焦头烂额，可到最后却无法留下任何成果乃至结果，每个人都在做无用功。

久而久之，员工会因为没有成就感而选择离职，团队会因为空转虚耗而坐吃山空，逐渐走向衰败的不归路。这样的案例在我们身边不胜枚举，足以引起团队领导者的高度警惕。

显然，无法为命令的执行画上句号，既有下属执行力的原因，也有上司领导力的原因，而后者是决定性的。

作为团队领导，必须要在命令发布的那一刻，甚至是命令发布之前，便为该命令设计好一个具体的时间表和路线图，让命令从诞生的那一刻起，便能拥有一个完整的"闭环"架构。这既是领导者的神圣职责，也是领导者不可推卸的义务。无法做到这一点的领导者，不可能拥有真正的领导力。

许多领导者往往倾向于让下属员工背"执行不力"的锅，殊不知，上司指挥不力，下属的执行力再强也爱莫能助；反过来说，上司指挥得当，下属的执行力即便差一些，命令也能得到比较圆满的执行。

这是一个小孩子都明白的简单逻辑，只可惜道理大家都懂，做到却比登天还难。

那么，领导者应该如何为命令以及命令的执行规划一个闭环架构呢？

还是要从"命令"的本质说起。

"命令"即"任务"，而任务又分为两类：业务类任务和管理类任务。评价任务执行情况的指标也可分为两类：业务性指标和管理性指标。

我们姑且将与业务有关的任务和指标，称为"硬任务"与"硬指标"；将与管理有关的任务和指标称为"软任务"与"软指标"。

那么很显然，在现实世界的管理实践中，"软任务"里会存在"硬指标"；"硬任务"里也会存在"软指标"。

举两个简单的例子。

比如说"某个月的销量要达到一百万人民币"，这是一个典型的硬任务；"一百万人民币"就是一个典型的硬指标。

但是，如何才能达成目标，完成这个任务呢？

我们假设"优化、强化销售流程"是一把关键的钥匙，而这一点，则是一个典型的软指标。

显然，硬指标的达成，需要软指标发力。这就意味着，后者才是真正的决定性要素，是需要灌注大量资源具体"执行"的环节；而前者仅仅是后者的一个副产品而已。

同样的道理，如果我们把"优化、强化销售流程"当成一个任务，那么显然这是一个软任务。而执行这个软任务，需要进行必要的"硬化"操作，也就是说，要把这个软任务进行量化处理（也称为"可视化处理"），拿出一个硬指标。

我们假设这个硬指标是这样的：所有员工在销售流程方面的得分都不得低于 90 分（百分制）。那么这便意味着，只有这个硬指标得以实现，"优化、强化销售流程"的软任务才能被视为"完成"。

就是这样一个逻辑。

可见，任何命令或任务的执行过程，都离不开"硬""软"两个方面的要素。两者相辅相成、互为因果。

"闭环处理"的操作，就要从这里入手。

一个大的原则是：软硬交织、层层递进、交叉落地、阶段循环。

首先，要将所有硬任务和硬指标当中的潜在软任务和软指标分离出来，并逐一硬化（可视化）；

其次，为这些硬化指标规定出一系列的阶段性达标水准；

最后，通过抓反复、反复抓，逐步提升达标水准。如此循环往复、螺旋上升，一直到所有硬化指标都能达到一个比较圆满的结果为止。

还是以前面那个"销售一百万元"的任务为例。

这个任务的执行结果无非有如下四种可能：

其一，各种软硬指标全部圆满完成。

其二，各种软指标全部圆满完成，而硬指标存在没有完成的情况。

其三，各种硬指标全部圆满完成，而软指标存在没有完成的情况。

其四，各种软硬指标均没有完成（或存在没有完成的情况）。

第一种情况最为理想，已经可以为该任务画一个圆满的句号。不过也唯因其过于理想，这种情况在现实世界中并不多见。

那么，第二种情况又如何呢？

从结论上说，这种情况也极为圆满，依然可以为任务画句号。理由很简单，这是一种典型的"万事俱备，只欠东风"的状态；或者说，是一种"尽人事，听天命"的状态。"人"的潜力已经完全挖掘，之所以结果不甚理想，是由于某些不可抗力使然。比如说市场的因素，比如说大环境的因素，等等，这些不可抗力非企业所能左右，企业所需要做的，无非是"练好内功，静待时机"而已。只要"人"的状态良好，外部环境稍有改善，业绩就会发生极大的改观。因此作为领导者，完全可以胸有成竹，抱持乐观的心态，以逸待劳、静观其变。

问题是，即便是这第二种情况，也显得过于理想，在现实世界中并不多见。

与之相比，显然第三和第四种情况更为常见，在这两种情况下，"画句号"便会成为一个颇为现实也颇为紧迫的问题。

从前面的分析当中，我们明白了一个道理："画句号"，主要是针对软指标而言的。

一句话说到底：在任何任务的执行过程中，哪怕存在一个没有完成的软指标，就需要进行闭环处理。在这件事上，必须建立"无死角"意识，不能轻易放过任何一个执行过程中的瑕疵，否则后果不堪设想。

举个例子。

"销售一百万元"的硬任务完成了，而"优化、强化销售流程"的软任务没有完成，会发生什么？

简单，下一次的任务，很有可能出问题。

正如我在前面提到的那样，硬任务完成与否，往往与市场和大环境等因素有关。毫不夸张地说，市场好的时候，哪怕废物或者小混混也能取得销售佳绩。这种结果与个人的能力无关，更与个人的素质无关。问题在于，"市场好"往往不是常态，"市场不好"才是。在更为常见的"不好"的市场中，只有真正的强者才能生存下来。而衡量真正强者的标准，只能是软指标，而不大可能是硬指标。换言之，软指标过硬的人，硬指标往往差不了。或者即便一时的表现不佳，迟早也会步入正轨乃至大放异彩；反之亦然，软指标不过硬的人，硬指标表现即便不错，也长不了，迟早会出问题。

我们身边这样的案例可谓俯拾皆是：几乎每一个团队中都会或多或少地存在那种凭小聪明吃饭的人。他们基本功不过硬，甚至完全没有基本功，却能靠着见风使舵、随机应变的本领左冲右突，颇有斩获。然而时间一长，狐狸尾巴就会露出来。这种人迟早会左支右绌，狼狈不堪，最后沦为职场中的鸡肋。

显然，从根源上杜绝这种人的存在，需要的就是领导者的"闭环大法"，不给投机分子任何可乘之机。

可见，"闭环处理"针对的对象，从根本上来讲是软指标，硬指标仅仅是衡量软指标是否达成闭环目的的一个量化标准而已。

那么，如何针对软指标进行闭环处理呢？

首先需要将软指标抽离出来，并进行相应的细化操作。

有两种细分方式：纵向细分和横向细分。

先说纵向细分。

我们假设"销售流程"这一软指标是由"待客礼仪""产品推介"和"客户跟进"三个项目构成的，那么这三个项目就是"销售流程"的细分软指标。只要解决这三个细分指标，"销售流程"的问题便也自然得到了解决。

需要注意的一点是，在具体操作中一定要有"阶段意识"，也就是说，不要试图眉毛胡子一把抓，一举解决所有的问题。这是不现实的，只能越抓越忙，越抓越乱，让事情处于一种整体盲目的状态。正确的做法是，秉持阶段意识，先选一个（或若干个）存在问题最明显的项目下手。一点一点地来，层层攻坚、积少成多、循环往复，逐步接近事物的终点。

那么，如果所有项目均存在严重问题，在迫切性上不分伯仲怎么办？

简单。横下一条心，放下大多数项目，只选一两个项目开刀即可。

千里之行，始于足下。你总得勇敢地迈出第一步，才能有逐渐接近终点的可能。所谓"舍得"，就是这个意思。总得有"舍"才会有"得"。心急吃不了热豆腐，有些事急不来。只有集中精力，利用优势资源去解决局部问题，整体问题才会一点点变小、变少，直至最终归零。这才是真正的"效率"。否则，你的忙乱与低效只能制造更多问题，令你疲于应付、狼狈不堪，最终彻底崩溃。

再说横向细分：将所有与"销售额"有关的软任务一一罗列出来，并挑出几个最为重要、最为急迫的任务予以优先执行。

比如说，除"销售流程"之外，"基础知识""谈判技能"等若干项目也异常重要，因此需要单独提出来，与"销售流程"作同期处理。

这些指标还要进一步做纵向细分：

比如说，"基础知识"可以分为"产品知识""销售知识"等小项目；"谈判技能"可以分为"现场谈判"和"电话谈判"等小项目。

细分之后，才有进一步执行、落地的可能。

在具体执行与落地的过程中，要注意以下三个要点：

第一，硬化所有软指标。

比如"待客礼仪"要达到什么标准、什么分值，"产品知识"要达到什么标准和分值，等等。

第二，规定具体的时间表和路线图。

所有经过细化处理的硬指标都应以如下方式予以推进：

其一，规定具体的执行责任人（谁来做，谁来配合，等等）。

其二，规定具体的完成时间。

其三，规定具体的完成方式。

以"产品知识"为例。如何判断"产品知识合格"？是通过试卷考试，还是现场过关？合格的人怎么处理，不合格的人怎么处理？

一般来说，只有理论和实操两个方面都达标，才能视为"合格"；只有合格的人才有上岗资格，不合格的人则需要继续接受培训，一直到合格为止——这就是一个完整的闭环路线图。如此这般一环一环地循环下去，"产品知识"问题便能得到较为圆满的解决。

第三，阶段循环。

不要指望毕其功于一役。要规定出阶段性指标，一波一波地推进，螺旋式上升，直到最后完成。

　　还是以"产品知识"为例，在这方面，指望所有人一上来便都能达到一百分的水准是不现实的。可以规定一个较低分值，比如说七十分即可（亦即在理论和实操两个方面均能达到七十分）；即便是这样一个较低的标准，也将需要一个或若干个循环周期方可完成。只要全员达标，便可视为阶段性任务圆满结束，该指标可以暂时放弃。与此同时，启动新指标的循环周期。比如说，将主要精力放到提升"现场谈判"技巧上来。同样的道理，新指标的达标标准也应以七十分为宜。只要全员达标，也需暂时放弃。与此同时，再重启"产品知识"指标的新循环周期。在这个新周期中，标准要适度提升，比如说提升到八十分……如此循环往复，一波一波地向前推进，推动所有软硬指标的达标标准螺旋式上升，不断接近一百分的终极目标。

　　当然，"销售额"和"销售流程"的例子比较特殊。它们之间的关系非常直接，因果逻辑一目了然，因此比较容易受到领导者的重视，得到较为及时的处理；而在管理实践中，许多意义重大的软指标却未必与硬指标有如此直接的关联，常常容易被忽视、遗漏，从而给硬指标造成难以弥补的潜在损失。

　　比如说，团队凝聚力，职场办公环境与办公纪律，甚至是员工的仪容仪表、精神面貌、每日出勤情况，等等。所有这些软任务、软指标表面上看似乎与"业绩"这一硬指标之间没有什么必然关系，在解决业绩问题时往往不会进入团队领导者的"优先事项清单"。可殊不知，正是这些好像"八竿子打不着"的软指标，对团队综合业绩指标的影响却非常巨大。只不过这样的影响是间接的，不是直接的。因此亦需得到团队领导者的高度重视，应该通过闭环处理予以不断改进。

　　这样的案例不胜枚举，这里便一笔带过了。

　　最后，还有一点需要特别强调一下：所有的软硬指标本身都是"阶段性"的，不可能存在一个完美的"终极指标"。这就意味着在无数个闭环循环周期中，团队会不断产生新的灵感，收获新的经验。这些新的灵感和经验必须被及时揉进团队的指标体系中，让所有指标不断改进、不断完善。

换句话说，实践会催生新的收获，新的收获会成为新的标准，新的标准将指导新的实践并带来新的结果——这便是团队成长壮大的基本方式。

以"职场纪律"为例，据说三十年前的海尔公司，"不许随地便溺""不许私拿公司财物"这些内容都是重要的考核项目。显然，在今天的海尔已经绝无可能见到这样的规章制度了。

可见，任何"标准"都是"活"的，都是有生命力的，必然会随着团队的变化而变化，随着团队的成长而成长。

具体地说，哪些内容细节是多余的，而哪些内容细节则是必需的（或者哪些细节在旧循环过程中是必须，而到了新循环阶段则成了多余；哪些细节对甲团队是必须，对乙团队则是多余，等等），这种事只有在实践中才能不断清晰、不断明确。由此，便产生了"新陈代谢""汰旧换新"的必要。

只有不断地汰旧换新，事物才能日臻完美，直至化境。这本身也是一种"闭环处理"的逻辑。

☆　小　结

"闭环处理"针对的对象，从根本上来讲是软指标，硬指标仅仅是衡量软指标是否达成闭环目的的一个量化标准而已。

第四章

领导力建设：不懂培养人，
　　　就没资格当领导者

/// 忠诚度 ///

自己培育的人，才是最靠谱的

> 俗话说"什么池子养什么鱼"，不是所有的鱼都能适合所有
> 的池子。

毋庸置疑，团队的核心元素和最重要的资源就是"人"。对于团队领导者来说，团队成员就是他的一切，团队的成功抑或失败，完全取决于团队成员的素质与表现。而团队成员的素质与表现如何，又在很大程度上取决于团队领导者的作为。

那么，在提升团队成员的素质与表现方面，团队领导者又应该具有什么样的作为能力呢？

这就需要追本溯源，从团队成员向所属团队索取的基本价值说起。

一般来说，团队成员之所以会委身乃至于效忠某个团队，无非是为了一件事：成就感，成就感的来源也无非是两个方面，一曰"能力"，二曰"成绩"，前者事关"成长"，后者事关"实践"。也就是说，只要能在这个团队中获得成长，

并通过成功的实践证明这种成长，团队成员就会高度认可这个团队，对这个团队产生强烈的归属感与忠诚度，成为这个团队强大基因的一分子。

这就是领导者的用武之地。因为团队成员的"成长"与"实践"，无一不与团队领导的作为息息相关。

所以，一个合格的团队领导者，还需要具备两个本事，一曰"务虚"，一曰"务实"。前者事关团队成员的"成长"，即"培养人"；后者事关团队成员的"实践"，即"使用人"。

先来说说"务虚"，也就是"培养人"的话题。

让我们从"即战力"这个概念说起。

所谓"即战力"，说白了就是"拿来就能使的人""现成的人"。

这个概念近些年颇有愈发红火之势。不夸张地说，在许多团队领导者和管理者的心目中，"即战力"几乎与"第一生产力"无异，是一个渴望强大的团队必须优先确保的重要资源。

从结论上来说，这个词在团队管理者中间的流行，堪称一个不折不扣的大悲剧。理由很简单：大家都想吃现成的，那么应该由谁来做饭？对"即战力"的痴迷，几乎无异于守株待兔，等着从天上掉馅饼。所以，这种行为的结果也非常清楚，那就是两个字——等死。

迷信即战力的"死法"，通常有这样几种表现方式。

甲：涸泽而渔。每一个人都想捞现成的鱼吃，却没人惦记着养鱼，就会造成僧多粥少的局面。河里的鱼就那么几条，你捞他也捞，迟早有一天会无鱼可捞，大家一起饿死。

乙：极大地损害"养鱼人"的利益，挫伤他们的"养鱼"积极性。自己好不容易辛苦养大的鱼，却有无数双血红的眼睛盯着，分分钟有被横刀夺爱的可能，谁还会心安理得地在"养鱼"这棵树上吊死，干这种费力不讨好的事？

丙：惯坏"池里的鱼"。被你养的时候也许会表现得很乖巧、很懂事，口口声声地要对你报恩，摆出一副非你的餐桌不上的架势，可一旦膘肥体壮之后就由不得你了——这么多人向我示好，而且开出的条件一个比一个诱人，我为啥非得上你一个人的餐桌？只要鱼儿们有了这样的心态，其结果就必然会是：不停地换池子，不停地换餐桌，最终彻底腐烂、自生自灭。到头来不但谁也吃不进肚里，还白白地赔掉无数上等饲料。

丁：水土不服、物种相斥，"鲜鱼"变"老鼠屎"。俗话说"什么池子养什么鱼"，不是所有的鱼都能适合所有的池子。毕竟不是自家池子里长大的鱼，对你不可能产生真感情。由于水土不服、自命不凡外加图谋不轨，这些不速之客常常会咬死自家的鱼，弄脏自家的水，让你偷鸡不成蚀把米。这还算好的，万一外来物种引发自家池子里的物种变异，繁衍出一池子奇形怪状的鱼，恐怕就会吓着你，逼着你自己出手处理。

戊："好奇害死鱼"。鱼儿们的最大愿望，就是寻找一个更好的池子。而"更好"的池子永恒存在，或者你也可以理解成永不存在。这就带来了一个恶果——鱼儿们永远"在路上"，为了一个虚幻的目标不停地游弋，不停地更换栖身之所，永远停不下来。最终，他们会饿死或者累死，累累白骨沉入池底、化为污泥……

总之，这是一条典型的恶性循环的生物链，而最大的悲剧恰恰在于，没有人试图切断这条生物链，而是拼尽全力维持它的运转与延续。

这一悲剧性的生物链，就是现代团队真实生态的缩影。可以这样说，对即战力的痴迷，几乎从根本上动摇了团队建设的根基，无限接近于一种"群体自杀"的行为。所以，为了救人以及自救，唯一的办法就是：向现成的捞鱼行为说"NO"，大家一起争当"养鱼人"。

其实，"即战力"这个词并非我们的原创，而是来自日本的舶来品。即便在发祥地日本，其命运也堪称跌宕起伏、诡谲多变。

　　二十世纪九十年代之前，"即战力"一词几乎就是一个陌生词，鲜有人提及。因为那时的日本人基本上不需要什么即战力，也几乎没有提供即战力交易的平台，也就是我们所熟悉的"人才市场"。反之，日本人流行的做法是"割青田"，也就是直接到学校里搜罗好苗子，然后运回公司自己培养。对于这些即将步入社会的学生仔、学生妹，日本人有种非常有趣也非常形象的称呼，叫作"金蛋"。这里面有两层意味：一是说这些孩子很幸运，一出校门就能找到金饭碗，不但生活有保障，而且前途一片光明，充满着无限的可能性；二是说这些孩子很宝贵，都是企业的心肝宝贝，一定要倍加爱惜。

　　所以，在长达几十年的时间里，别说"即战力"，即便是"找工作"一词都会让日本人有陌生感。日本经济这种特殊的"全员就业"与"终身雇佣"体制不但协助日本这个国家成功地实现了所谓"一亿总中流"（即一亿两千万日本人全部都是中产阶级）的均富梦想，也为日本企业造就了一批又一批举世闻名的企业战士乃至企业武士。

　　二十世纪八十年代末，日本经济登上辉煌的顶峰，"金蛋"们的好运也达到一个令人匪夷所思的境界。

　　我在日本留学时，曾经看过一部由著名偶像实力派影星织田裕二主演的青春系社会写实电影。这部片子摄于 1988 年（也就是所谓日本"泡沫经济"最鼎盛的时代），讲述了几名大四学生在行将离开校园步入社会时的心路历程和感情纠葛。尽管对日本"金蛋"的生活状态早有耳闻，可观看这部影片时，我还是被里面的一些场景所深深震撼，对当时日本大学生的"好命"程度叹为观止。首先被震撼到的是它所描写的大学风景：那个时候日本的大学校园里充斥着五颜六色、光怪陆离的各色跑车以及当时世界上的各种时尚潮品；与学业相比，显然更吸引大学生们的是丰富多彩、摇曳多姿的大学生活，兜风、郊游、派对、棒球、足球、剑道、柔道……谁说学校是作业与考试的黑暗地狱？那里分明就是青春洋溢的极乐世界！

另一个被震撼到的是学生们在各类公司应聘的场景。不过，严格意义上讲，那样的应聘，与其说是学生向公司应聘，不如说是公司向学生应聘更为贴切。据说，那时日本大学生的就业市场，求人倍率达到了惊人的 1 比 10 左右，这意味着每十个岗位空缺只对应一位求职者。粥多僧少，大学生们自然会成为大家争抢的对象。日语当中甚至专门有一个名词形容这种现象，叫作"拽章鱼"——章鱼长了八只触角，照理说灵活度和自由度应该很大，可是因为每只触角都被人死死拽住不放，向不同的方向使劲拉，彼此互不相让，颇有一点"五马分尸"的架势，这就让章鱼动弹不得，倍感"幸福的烦恼"，只好"痛并快乐着"。这个词用来形容当时日本大学生的受欢迎程度真的是非常形象。既然如此，就业主动权就完全掌握在应聘者的手里，招聘者只有拼命地讨好应聘者，才能有一线胜出的机会。

"抢人大战"是残酷的。所有公司的面试现场都弥漫着一股莫名的紧张气氛，而这种紧张显然与应聘者无关，只与招聘者有关。为了赢得应聘者的欢心，招聘方可谓煞费苦心、机关算尽。端茶送水、好生伺候自不必说，提前"剧透"帮应聘者过关，察言观色、中途岔开话题避免应聘者难堪等手段也是不在话下。更离谱的是，许多公司为了取悦应聘大学生，甚至推出贿赂政策，比如说"只要肯来本公司上班，立马赠送最新款的进口汽车一辆"！

片中还有这样一个有趣场面：一个学生在面试现场提出的待遇条件被公司招聘人员婉拒，于是这个学生在步出考场后用"大哥大"接打了一个电话，大致的电话内容是：前两天曾面试过他的某某公司已经答应了他的条件。

这位学生故意用很夸张的声音对此表示感谢，说他会认真考虑这家公司的心意。没两分钟，他手中的"大哥大"又响了——果不其然，刚结束面试的这家公司也答应了他提出的待遇要求。

斗转星移，物是人非。随着九十年代初日本泡沫经济的破裂，日本企业风光不再、一片萧瑟，曾经集万千宠爱于一身的"金蛋"们的好运也走到尽头。

全员就业、终身雇佣体制被无情地打破，校园里的学子们也被推向经济萧条的风口浪尖，漠然发现自己已经置身于漫长的"就业冰河期"。

从这个时候开始，日本的人才市场才算真正发展了起来，"即战力"一词也越来越多地进入人们的视野。时至今日，你随便翻阅任何一家日本企业的用人政策资料，都会发现一个高度默契之处，那就是这些企业几乎无一不把即战力放到最醒目的位置予以竭力鼓吹。

但是，这种人才战略上 180 度的大转弯、一度被锁进深宫的"即战力"奇迹般的大逆袭，到底为日本企业带来了什么？是神奇的再度崛起吗？

显然，答案是否定的。被寄予厚望的即战力并没能成功拯救苟延残喘的日本企业。恰恰相反，它的全面登场进一步恶化了日企的短板，几乎将其推向濒死的边缘。

打个比方，现如今的中国人，还有几个会像二十年前那样迷信日本品牌？或者再说得极端点，除了几个汽车品牌之外，现如今的中国人还能清楚地记得几个日本品牌？是否还能偶尔想起索尼、松下、日立、三洋、东芝这些曾经雄霸世界的家电巨头的名字？

当然，日企的全面没落，成因很复杂，其中既有自己不争气的元素，也有竞争对手快速崛起与赶超的影响。这是一个非常简单的逻辑：失去了终身雇佣，也就等于失去了安全感和归属感；失去了安全感与归属感，也就等于失去了耿耿衷心和主人翁责任感；失去了忠诚与责任，也就不会再有企业战士和企业武士；而失去了战士和武士，如何能打胜仗？抑或如何能打仗？

当一个团队里的所有成员不再关心自己的团队，而只关心自己的时候，这个团队怎么可能会有前途，怎么可能会变强大？

当然，即战力的危害不只限于对团队成员忠诚度和归属感的伤害，还体现在团队建设的很多方面。

首先，人才的过快流动妨碍了人才自身的实力沉淀与积累，最终会导致人才的发展瓶颈和平庸化；其次，人才的过快流动还伤害了企业的实力积累，导致企业发展的踯躅不前。最后，也是最重要的一点，对即战力的过度追求还扼杀了潜在人才的成长空间，透支乃至掏空了企业的未来。

如今的日本，尽管看似失业率很低，但潜在的失业情况要远比表面的数字更为触目惊心。因为在现今的日企当中，正式员工的平均比率已经降到三成以下，七成多的员工都是所谓的"派遣社员"，即吃了上顿不知道下顿在哪儿的临时工或小时工。不只如此，表面上的低失业数字还掩盖了另一个黑暗的事实，即越来越多的年轻人不愿就业，甘当"尼特族"（指终日宅在家里无所事事，以"啃老"为生的人）。日企的没落成为国家没落的缩影，曾经的"日出之国"已经堕落为不折不扣的"日落之国"。这就是典型的恶性循环。

所以，每当听到日本政治家高呼"提高内需、重振经济"的口号，日本人民都会不禁摇头——大家都没工作，何来收入消费？每当听到不靠谱的政客鼓吹"女人多生孩子才能复兴日本"的谬论，日本百姓也会嗤之以鼻——所谓"少子化"根本就是一个骗局，君不见满大街都是无所事事的年轻人？生更多的孩子又有何用，难不成让他们都去啃老，当尼特族？

总之，所有这一切血淋淋的现实，无不在强烈地否定乃至控诉着一个天大的妄言与谎言——即战力就是第一生产力。

当然，这并不是说即战力不重要，应该被扫进历史的垃圾堆。即战力确实有其不可替代的价值，值得我们去追求。但是这种追求一定要有个度，这个度就是：在团队的人才战略中，"自家人培养""培养自家人"是永远的主角，而对即战力的追求只能充当一个配角，绝不能越俎代庖，顶替主角的位置。

所以，结论一目了然——只要你不擅长"培养人"，你就没有资格做一个团队的领导者，没有资格奢谈"领导力"。

☆　小　结

在团队的人才战略中，"培养自家人"是永远的主角，而对即战力的追求只能充当一个配角，绝无法顶替主角的位置。

/// 学习力 ///

赋予员工不断进步的内在动力

> 每一个真心渴望成长、渴望强大的团队，必须建立起浓厚的
> 自我学习、自我成长的氛围；每一个称职的团队领袖与管理者，
> 必须鼓起勇气登场，肩负起"老师"的重责。

团队是什么？是职场，是战场，更是学校。

团队领导做什么？做将军，做元帅，更要做老师。

在今天的中国，几乎没有哪个团队不明白"建设学习型团队"的重要性。但是几乎没有哪个团队真正掌握了"建设学习型团队"的正确方法。在这方面，最常见的误区和盲点主要有这样几种表现形式：

其一，外训大于内训。

一说起"学习"，还是不免让人想起"外来的和尚会念经"这句话。在许多团队领袖眼里，"学习"就意味着向外学习，一定要从外面请高手来"教"，团队成员才有可能"学"。这是一种极端错误、极端畸形的思维方式。当然，这样说并不是否认"向外学"的重要性。毫无疑问，在这个愈发多元善变的世

界里，及时汲取外部的营养充实提高自己是无比重要的，可问题的关键在于，外部的营养再宝贵，也未必是你真正需要或真正能够吸收的东西。就好像超市里琳琅满目、堆积如山的各种补品，也许确实高度萃取、集合了所有对人体有利的营养元素，可是真正吃到你的肚子里却未必会那么管用。

同样的道理，外面的高手再牛气，也未必能比自己的高手更有用、更接地气。尤其考虑到外面的高手里"老千"与"水货"横行的现实，就更是如此。

所以，无论如何，每一个真心渴望成长、渴望强大的团队，必须建立起浓厚的自我学习、自我成长的氛围；每一个称职的团队领袖与管理者，必须鼓起勇气登场，肩负起"老师"的重责。

事实上，古今中外无数成功的团队，无一不是善于自我学习的团队；无数著名的领袖，无一不是桃李满天下的好老师。

国内外无数企业大鳄，都以拥有自己的员工学校为荣；甚至连许多中小民间企业，也纷纷成立了自己的培训中心。只不过，一个令人遗憾的事实是，至少在中国企业的培训中心里，手持教鞭走上讲坛的依然以"外来的和尚"居多，"自己的和尚"则屈指可数。

这一现象必须得到尽快的纠正。

其实，只要我们能跳出旧思维的桎梏，这个问题并不难想明白：团队里的每一个成员都有自己的长处甚至是绝技，只要能资源共享，扎扎实实地把这些绝技传授给身边的每一个人，让这些宝贵的营养真正沉淀、积累下来，假以时日，将会在团队内部引发无以估量的乘数效应，其爆发性的巨大能量足以缔造出一个无比强大的团队。

在这个基础之上，再有效地汲取一些"外来和尚"的精华，那才是真正的锦上添花、如虎添翼。

其二，内训流于形式。

先不要说"向外学"往往学不到什么真正管用的东西，即便外出受训人员在外面受到真正的震撼教育并确实学到不少有益的东西，这些东西也很难被他们真正吸收，更别提惠及其他的团队成员了。

问题就出在"实践"与"内训"上面。

一般来说，建设"学习型团队"过程中最容易遇到的问题，也是最令团队领导与管理者伤透脑筋的问题就是"知识穿耳过，糨糊脑中留"的现象。无论花多少钱，请多少"外边的和尚"，基本上你的受训人员能"长高"的时间只有一个星期左右，一个星期过后，十有八九他们会打回原形，恢复从前的高度，让你的心血和银两白白地打水漂，唯独便宜了那些念了一回无用经的"和尚"。

之所以会发生这样的现象，就是因为团队内部缺乏鼓励实践的氛围和方便实践的环境。许多团队领导似乎犯了强迫症和幻想症，总是一个劲儿地强迫自己把人送出去受训，却很少考虑这些学回来的东西怎样才能变成自己团队的东西，以及为了达成这个目的自己应该做点什么。他们心里也许是这样认为的：甭管三七二十一，把人送出去就行。这些人回来后自然会长大一圈，会比以前更具生产力。好像知识变成能力是一个自然而自发的过程，与实践没有任何关系——只要耳朵里听到了经，到时候自然会念经。

这真是一个荒谬无比的想法。

不过，我也承认这样的说法有些过头。公平地说，这些团队领导中的许多人还是有所作为的，在将知识转化成团队能力的实践中采取了一些具体措施，最常见的措施就是建立团队"内训"制度。可遗憾的是，这些措施并没有扭转"知识穿耳过，糨糊脑中留"的局面，因为它们完全流于形式，根本没有发挥出应有的效用。

举一个最简单的例子，比如说，某家公司派出一位员工到外地受训，并要求其回公司后需将所学内容转授给其他员工。

一般情况下，事物会按照这样的轨迹发展：

场景一：这位员工受训结束回公司后，会按照公司要求写一份总结报告；然后这份报告会被装进档案袋锁进经理的抽屉，一万年都不可能重见天日，沦为事实上的垃圾。

场景二：这位员工受训时使用的教材将会被要求上交；然后这份教材会被塞进经理的档案架，一万年都派不上用场，直至成为蜘蛛的乐园、老鼠的粮食。

场景三：这位员工将会被要求组织团队内训；然后你将会在公司里看见几堂稀稀拉拉的课、几个稀稀拉拉的人、几张稀稀拉拉的纸、几支稀稀拉拉的笔、几页稀稀拉拉的字……当然，如此稀稀拉拉的过程，也只能换得一个同样稀稀拉拉的结果。

这就是为什么这样的"内训"永远也不可能收到真正成效的原因。

所以，归根结底，"落地"，是一切培训的终点，绝不可等闲视之。在这方面，"领导力"的发挥起着至关重要的作用。换言之，领导是否重视，高层决心如何，压倒一切的重要。

由于"学习型团队"的建设决定了团队的生死，因此最高领导必须亲自出面，实行强有力的一条鞭管理、一条鞭干预，这个事儿才会有一线生机。否则，完全寄希望于基层的自觉或制度的发力，十有八九会"竹篮打水一场空"。

其三，"放养"大于"圈养"。

说现在的团队领导与管理者大多缺乏"育人"意识，许多人也许并不服气：谁说我不重视培养人？我每天都为部下安排各种各样的工作，让他们经历各种各样的风雨和挑战，累积各种各样的经验与能力，在挫折与磨炼中成长，这本身不就是最好的育人方式吗？

必须承认，这种观点确实道出了许多团队领导和管理者的心声，可另一方面，也恰恰暴露了他们育人意识的缺乏。

一言以蔽之，这样的育人方式是典型的"放养"方式，亦即给部下创造一个战场，让他们在里面自由厮杀、自生自灭。然后领导们需要做的事情就是：在成堆的"尸体"里寻找幸存者，带走他们并对其委以重任。

诚然，这种依附于"丛林法则"的"放养"模式算得上一个重要的育人方式，但这一方式的代价也绝对不容小觑：首先，它很容易跑偏，让团队管理者收获苦涩的果实。比如说，你想让团队成员收获的是工作能力和业务经验，可他们却很有可能被团队中的不肖之徒带进沟里，收获一身不良江湖风气以及忽悠你的各种秘籍。其次，它会扭曲人性，让你的团队成员变得自私而冷漠，从而伤害团队的存在基础。因为从死人堆里爬出来的人，是不可能有人性的。这样的"人才"对团队不会有任何感情与忠诚度可言，甚至会对团队以及它的领导人物充满仇视。他们中的许多人随时准备背弃甚至背叛团队，不但称不上是团队的栋梁之材，相反还会成为团队的重大隐患。最后，它会严重破坏团队的团结，削弱团队的资源积累，动摇团队的综合竞争力。既然是弱肉强食的丛林法则、自生自灭的放养模式，那么团队成员彼此之间必然会呈现出一种你死我活的敌对氛围。这样的团队不但不会有资源共享的风气和传帮带的传统，相反还会发生互撬墙脚、互扯后腿、自相残杀的现象，整个团队形同一盘散沙，如何会有竞争力？

不要告诉我对上述这些现象你完全无感，好好回忆一下你自己曾经经历过的团队，再好好观察一下你自己现在所处的团队，相信你一定会有所感触的，甚至可能是痛彻心扉的感触。

所以说，"丛林法则"尽管并非一无是处，却切不可过分迷信，否则后果不堪设想。

其实，话又说回来，许多团队领导和管理者之所以如此强调"放养"的重要性，与其说是因为信奉丛林法则，不如说是因为懒。因为懒得育人或发自内心地觉得育人不是什么大不了的事，犯不着为其费心费力，所以干脆把部下一把推出去，是死是活看他们的造化，而自己却能落得一身清闲，只等最后坐收渔利即可。不过，想法固然轻快，后果却很严重。事实上，许多团队已经为此付出了极其惨重的代价，若再不悬崖勒马，恐怕就积重难返，无力回天了。

因此，从结论上说，在育人方面，与"放养"相比，还是"圈养"更靠谱。

那么，何谓"圈养"呢？

简单，与自生自灭的"放养"方式相比，"圈养"方式更富人情味、更全面也更扎实。它有三个特点：第一，亲力亲为；第二，一个也不能少；第三，全方位的资源投入。

先来说说第一条。

"圈养"就意味着团队领袖和管理者要亲自出马，充当老师的角色。没错，也许你自身也并不完美，但你完全无须自卑，而是要大胆地通过言传身教的方式，将自己已然掌握的三拳两脚悉心传授给你的团队成员，让他们中的每一个人都能成功地扮演你的"分身"。不只如此，你还要竭尽全力地将这种言传身教的作风推向整个团队，让每一个团队成员都能成为彼此的老师和学生。不要担心你的价值会被团队成员超越、饭碗会被团队成员抢走。任何一个擅教之人都擅学，教授的过程本身就是一个自我升华的过程；更何况，桃李满天下本身就是你的价值。在老板的眼里，你就是一只会下金蛋的鸡，他疼惜你都来不及，又怎会轻易舍弃你？

再来说说第二条。

既然每一个团队成员都是你睁大眼睛精心挑来而不是闭着眼睛抓阄抓来的，那么他们中的每一个人对你而言肯定都具备了某种特殊的价值，绝不是可有可无的存在。所以，为每一个团队成员的价值保鲜与增值，就是你不可推卸的义务。这里的关键在于，你不可以让任何一个团队成员掉队。哪怕是对那些不争气或已然自暴自弃的成员，不到最后时刻你也绝不能轻言放弃，一定要拼尽全力拉他们一把。只要你这样做了，即便最后有些成员依然掉队或被淘汰出局，你的这种"不抛弃、不放弃"的精神也会感染、感动所有留下来的成员，让他们感到无比温暖，更加热爱自己的团队以及自己的团队领导。

最后说说第三条。

如果说人才是一个团队最重要的资源，相信不会有人提出异议。那么，把这句话反过来理解，说培养人才需要整个团队付出巨大的资源，恐怕也不会有人发表不同的见解。

对这一点，团队领导和管理者必须做到心中有数。不能嘴上说得漂亮，行动上却总是掉链子。

遗憾的是，现实中掉链子的案例何其多矣！太多的领导人尽管在口头上不停地鼓吹培养人才的重要，可一旦需要真枪实弹、真金白银的时候又会踟蹰不前、自食其言。

当然，团队领导们的纠结心理也不是不可理解。毕竟现如今人心难测，许多人今天信誓旦旦地对你承诺效忠，明天就没准儿跳槽去了哪里，然后调转枪口瞄准你。所以，如果真的在培养人才上面耗费大量资源和精力，到头来却养出一些白眼狼，甚至养虎为患伤及自身，那确实不是一笔划算的投资。

但是，这个问题也要一分为二地看。为什么现如今几乎每一个团队里都不乏白眼狼的存在？是因为如今这个时代人性彻底堕落了吗？恐怕未必。人之初性本善，没有哪个人不想效忠于一个特定的团队，可问题是如今这个年代什么都不缺，唯一缺少的就是值得效忠的人。你对人家不仁，就不要责怪人家对你不义。一个巴掌拍不响，在哀叹"人心不古"之前，首先要反省一下你自己。

其四，学无以致用。

俗话说，学以致用。这句话有两方面的意思：一是说学到的东西要对解决现在已经遇到的问题有用；二是说学到的东西要对解决未来有可能遇到的问题有用。只有达到这两个目的，"学习型团队"的建设才有意义。可在如今以"外来的和尚"为主轴的学习模式中，极少有哪个团队能成功地做到这两点。

这里面主要有以下几个矛盾点：

第一，团队领导与管理者自己都弄不清楚团队现在与未来的问题点在哪里，因此也无法找到真正对口的"和尚"。

所以我们经常可以看到这样一种场景：甭管是哪路"和尚"，也甭管他念的是什么"经"，只要这个"和尚"稍微有点小名气，团队领导就会毫不犹豫地把他请来传经授道，完全不在乎这些"经文"是否对自己的团队有实际价值。他们的心里也许是这么想的：甭管是什么经，先学到手再说。今天用不着，保不准明天就有用着的可能，提前备着点总没有坏处。也就是说，他们是抱着"储备知识"的心态做的这些事，并一厢情愿地认为自己的所作所为完全正确，简直就是充满前瞻性的天才之举。可现在的问题是，前瞻不等于避免盲目，事实上，这种漫无目的的学习方式极少能给团队留下任何有意义的营养。对许多团队成员来说，这种学习与其说是为自己充了电，不如说是花公家的钱听了一回免费评书，乐呵了一下而已。

第二，即便团队领导与团队管理者清楚现在和未来的问题点在哪里，也请了看似对口的"和尚"，这些"外来的和尚"却很有可能不给力、掉链子，起不到应有的作用。

毕竟是"外来的和尚"，对团队的了解有限，尽管可能会有旁观者清的优势，但是也会犯想当然的错误，给团队的问题开出不那么靠谱的药方。所以，"外来的和尚"固然要尊重，也固然可以请，但万万不可迷信。鞋子合不合脚，只有穿鞋的人才知道，要解决自己的问题，归根结底还是要靠自己人的智慧。

第三，团队领导与管理者十分清楚现在和未来的问题点，也找对了传经授道的"和尚"，学到"经文"的团队成员却不给力、掉链子，不能将"经文"有效地转化为团队的综合竞争力。

有关这方面的话题前面的文字中已经有详细的解释，这里不再赘述。

总之，对绝大多数团队而言，"学无以致用"是一个极具现实性的大问题，而解决这个问题的关键点依然在于"内向型思维"上面。只有摆脱对"外来的和尚"的依赖心理，眼睛向内看，坚定地相信团队的能量和自己的智慧，才能洞若观火，真正把握住团队的核心问题并找到解决这些问题的方法。

其五，缺乏"传、帮、带"基因。

建设"学习型团队"还有一个巨大障碍，那就是团队的知识与资源缺乏继承性，无法得到有效的沉淀与积累。

造成这一现象的原因有很多，除了我在前面提到过的源于丛林法则的"放养"模式之外，还有两方面的因素值得引起高度重视。

第一，即战力的影响。

一般来说，"传、帮、带"基因的获得与团队成员的安全感有关。只有团队成员对一个团队产生极高的安全感，认为自己可以长久地留在这个团队的时候，他们才会有将自己的一技之长留下来的动机。反之，如果对一个团队完全没有安全感，分分钟都有走人的可能，没有人会傻到将自己的看家本领和盘托出的程度。

对即战力的过度追求，就会破坏这种安全感。因为拥有即战力的人都是属"候鸟"的，不可能在一个地方彻底扎根，因此也不会把自己的绝技毫无保留地献给任何一个团队，人为地为自己制造出一大堆潜在的竞争对手。不只如此，对即战力的过度追求也会让团队的其他成员失去安全感，不知道即战力的不断来袭对自己的职场人生意味着什么，因此也会趋向于保守行事，尽量将自己的护身之术隐藏起来以备不时之需。

久而久之，团队成员之间就会出现巨大的隔阂，而这种隔阂会反过来强化不安全感；安全感的缺失又会导致更深的隔阂，更深的隔阂再度引发更大的不安全感……如此循环反复，"传、帮、带"基因便只能与团队渐行渐远，知识与智慧的沉淀与传承也将成为永远的镜中花、水中月。

第二，团队文化的影响。

不只是即战力，影响团队成员安全感与归属感的因素实在是太多了，而且这些要素几乎都与团队文化有关。比如人际关系过于复杂的团队、竞争氛围过于白热化的团队、过于冷血的团队、过于散漫的团队，等等，都会对团队成员的安全感和归属感产生极为负面的影响，从而促使他们的思维与行为方式趋于保守，不愿意在团队内部分享知识与技能。而所有这些障碍，都有赖于"领导力"去予以最终克服。

☆ 小 结

任何一个擅教之人都擅学，教授的过程本身就是一个自我升华的过程。

/// 整体观 ///

像培养"总经理"一样培养"保洁员"

"发现"不等于"歧视"，"培养"更不等于"厚此薄彼"。

也许有人会说：你说得不对。团队领导怎么可能面面俱到，把每一个团队成员都列为潜在的培养对象呢？这也太"博爱"了点儿吧？他们的精力毕竟有限，所以即便要培养，也必须得找到好苗子才行。只有找到好苗子，才能对其倾注最大限度的资源，这样的培养方式才是真正有效的。否则，东一榔头西一棒子，甭管对象是谁都一通乱培养，到时候只能是赔了夫人又折兵，空落一大堆"半成品"不说，还白白浪费了大量资源。

必须承认你的话有一些道理，"培养人"的关键环节确实在于"发现人"、找到好苗子。发现团队成员的不同特长，因人施教、量才适用，是一个基本前提。这一点没人会提出异议。可现在的问题是，"发现"不等于"歧视"，"培养"更不等于"厚此薄彼"。一个适合当文员的人，其价值并不亚于一个适合做王牌销售员的人；甚至于不夸张地说，如果你是真心想打造一个无比瓷实、无比强大的团队，那么一个当保洁员的好苗子，其价值都不应该比一个当总经理的好苗子低。

要知道，一个团队之所以强大，不是因为它的领导有多牛，它的长处有多棒，而是由于在这个团队里没有一块短板，连它的保洁员都是超级牛人。

同样的道理，评价一个国家有多富强，看这个国家有多少超级富豪是没有意义的，关键要看这个国家穷人的状态。如果一个国家最贫穷的家庭，其财富也能与外国的小康之家有一拼，那么即便这个国家一个超级富豪都没有，也必定是一个举世公认的富国、强国。

国家如此，团队亦如此。

这就是经典的"木桶理论"（一只水桶能装多少水取决于它最短的那块木板）。

为什么许多团队从不缺合格的"总经理"，却总是在竞争中一败涂地？就是因为它输在了"保洁员"的比拼上，而不是"总经理"的比拼上。

教训是深刻的：如果你的人才观是建立在歧视的基础上，总把所有的目光、精力与资源投射到那些所谓"尖端"人才的身上，忽视乃至彻底无视"低端"人才的话，那么即便你能获得大量"尖端"人才，你的事业基础也将不堪一击。

总之，现如今没有几个团队缺合格的"总经理"，但几乎所有的团队都奇缺合格的"保洁员"。所以，如果你想当一个合格的团队领导，那么首先就要改造你的人才观。如果你能对"保洁员"和"总经理"一视同仁，像培养"总经理"那样去培养你的"保洁员"，那么假以时日，你必定能亲眼见证奇迹的发生。

不过，必须承认的一点是，团队领导的精力确实是有限的，不可能既兼顾繁忙的日常工作，又在培养团队成员方面耗费大量的时间。

看起来，这里面似乎存在着一个巨大的矛盾，但这个矛盾解决起来却异常简单，方法就是：大幅削减繁忙的日常工作，将更多的时间与精力投放到人才培养上面来。

别急，我知道你想说什么，且听我慢慢解释。

一直以来，我都对一件事感到无比费解：我真的搞不明白为什么许多团队的领导级人物，往往会是这个团队中最忙的人。

我认为，如果一个团队领导发现自己过于忙碌，这绝对是一件坏事，而不是一件好事；他应该引以为耻，而绝不该引以为荣。

道理很简单，领导者是用来干什么的？是用来干活的吗？不对，是用来指派别人干活的。所以，如果一个团队中干活最多的人是领导，那么只能证明一件事：他不适合做团队领袖，而应该做回自己的团队成员，踏踏实实、全心全意地去干活。

有人说了：你说得轻巧！你以为团队领导干的活所有人都能干吗？既然人家能当领导，说明人家身上有着旁人不及的本事，所以有些事儿必须得团队领导本人去干，一般的团队成员根本就干不了！

可我还是要说，此言差矣。首先，我承认，团队领导一定是有旁人所不及的本事才能登上"领导"的宝座，他能做的事确实不是所有人都能做的。不过也正因如此，他们才有了义务，必须将这些特殊的本事尽快传授给他们的团队成员。如果不这样做，事情就会陷入一个恶性循环：团队成员越无能，就越无法分担领导身上的重担，这就会造成"忙者恒忙、闲者恒闲"（"忙的忙死、闲的闲死"）的局面。不是我存心跟你玩黑色幽默，至少在这种情况下，我认为"能者多劳"绝不是个褒义词，你的团队中这样的现象越明显，你所拥有的团队就越是一个恐包团队。

也许，许多团队领导会认为自己的忙碌是一种"敬业"的表现，似乎越忙碌就越"敬业"，但其实这样的理解是错误的、是非颠倒的。我认为他们对于"敬业"这两个字存在极大的误解，他们的"敬业"，其实从严格意义上讲恰恰意味着"渎职"。忽视乃至放弃团队成员的培养，侵蚀团队的健康肌体和发展潜力，可谓明目张胆的"反团队"行为，这样的行为不尽快纠正，迟早会断送团队的大好前程。

当然，人手不足、条件所限、事出紧急……现实世界中有许多主客观因素制约着团队领导，逼得他们不得不亲力亲为、异常忙碌，可即便如此，他们心中也一定要有杆秤，清醒地知道自己在做什么以及这样做是否具有真正的价值。也就是说，他们必须要认识到自己的哪些忙碌是合理的，而哪些忙碌是不合理的权宜之计，所以，他们绝不应该满足于这种无价值或低价值的忙碌，更不要说对这种几乎堪称"渎职"的行为沾沾自喜了。他们必须要"居危思安"，想方设法让自己从这种无意义的忙碌中摆脱出来，尽快恢复安然闲适之身，腾出手来去做那些真正应该做的事。这样的行动越及时、越彻底，手下的人成熟越早、上位越快，团队领导也就能变得更闲适、更从容，整个团队也会变得更强大、更具竞争力。这才是一种真正的良性循环。

两种思维和行为方式，孰优孰劣，值得我们的团队领导三思再三思。

也许有人会提出这样的质疑：你说得倒挺容易。"想方设法从无意义的忙碌中摆脱出来""尽快恢复安然闲适之身，腾出手来干正事"，谁不想这么做呀？问题是根本做不到！我整天忙得屁股上冒烟，哪件事都是要命的正经事！你说，我应该放弃哪个，捡起哪个呢？

首先，我懂你的意思，也非常理解你的困境。你的处境每个人都会经历（抑或正在经历）。生活就像一张网，每一根绳子都会和其他绳子发生千丝万缕的联系，把我们紧紧裹住，动弹不得。你会沮丧地发现，你越挣扎、越想挣脱这张网的束缚，它就会把你裹得越紧、勒得越死，让你喘不上气来。

不过，即便如此，我们也不应该束手待毙，还是应该想办法挣脱。唯一的办法就是：如果你实在找不到合适的突破口，完全不知该如何取舍，那就干脆闭上眼睛，伸出剪刀，随机地剪破这张网。无论如何也要破网而出，哪怕是尴尬地跌落出来，摔断几根肋骨也在所不惜。

道理很简单。只要是活人，尤其是生活在现代社会的活人，手里永远会有忙不完的事情，永远会有无数个理由、无数个声音对你说："绝不能停下来！"因此，止住这种忙碌的惯性有时只能靠极端的方法。也就是说，即便对你而言所有忙碌都与"要命的正经事"有关，你也要咬咬牙果断地放弃一些"正经事"，腾出手来去做一些更重要的事情。非如此，不能斩断恶性循环。

要知道，世上没有免费的午餐，任何成就都要付出代价。有的时候，敢于放弃，敢于断臂求生也是一种魄力、一种能力，是一种团队领导必须具备的基本素质。

☆ 小 结

从某种意义上说，"能者多劳"并不是个褒义词。你的团队中这样的现象越明显，你所拥有的团队便越有可能是一个怂包团队。

///　潜　能　///

每个人都有自信，团队将无所不能

> 表现的好坏往往与能力是否用对了地方有关，而与能力的
> 大小无关。

说完了"务虚"，再来聊聊"务实"的话题。

如果说"务虚"的主题是"培养人"，那么"务实"的主题就是"使用人"。

一句话，现如今的许多团队领导和管理者都喜欢用"有用"之人，却不知该"如何去用"，这是团队建设所面临的各种问题中比较经典、比较核心的一个瓶颈问题。

所谓"天生我材必有用"，人活在世，没有一个人不具备某种特殊的价值，也没有一个人不想将这种价值发现乃至发挥出来；具体到某个特定团队来说，就像我在前面提到过的那样，没有一个团队成员是靠抓阄的方式"抓"来的，团队里的每一个人都是团队领导和管理者放出眼光、绞尽脑汁"挖"来，或者殚精竭虑、含辛茹苦培养出来的。所以，现如今许多团队所面临的"无人可用""无人堪用"的苦恼，也许恰恰反证了团队中"无人识用"的现状。

那么，团队的领导和管理者们在"识人"以及"用人"观方面，到底出了什么问题呢？

最突出的问题就是对下述几种关系的理解与把控出现了偏差。

这些关系是：

甲："适应"与"适合"的关系。

乙："能力"与"潜力"的关系。

丙："能力"与"人品"的关系。

让我们一一分析一下。

先来说说"适应"与"适合"的关系。

如果你问一个团队管理者什么才是用人的关键要素，他一定会毫不含糊地回答你四个字："量才适用"。

顾名思义，"量才适用"就是把合适的人用到合适的地方。术业有专攻，人才有长短。一个人表现得出色，不一定意味着这个人有多天才；反之，一个人表现得窝囊，也不一定意味着这个人有多废物。在很大程度上，表现的好坏往往与能力是否用对了地方有关，而与能力的大小无关。所以我们才说，"手下无可用之才"常常是团队领导和管理者自己的问题，而不是他们的团队成员的问题。

这是一个极为浅显的道理，无须着墨过多。在这里，我们主要针对另外一个层面的问题展开讨论。这就是常常容易被管理者所忽略的"量才适用"的悖论问题。

谈到量才适用，人们常常会引用一个词："适应性"。具体地说，如果某个人对某件事表现出极高的适应性，那么他显然非常适合做这件事；反之则不适合做这件事。因此，前者意味着"量才适用"，而后者则意味着"找错了人"或"用错了地方"。这样的逻辑看上去是那样的完美无缺，乃至几乎没有一个团队管理者会对其提出异议。

诚然，没有人会否认"让适合的人做适合的事"这一理论的正确性，可现在的问题是，也许在实际操作中绝大多数人都把"适合"与"适应"这两个概念搞混了。

不"适应"的人，就真的不"适合"吗？

恐怕未必。事实上，越不"适应"的人，往往越有可能是那个最"适合"的人。

《士兵突击》中的许三多是否是一个适合当兵的人？

看过这部剧的人都知道许三多是威震军营的兵王，既然是兵王，岂有不适合当兵之理？

不过，你还真别说，就是这样一个兵王，当初能够踏进军营却是一件极其侥幸、极其勉强的事情。因为没有人相信这个怎么看怎么缺心眼的傻孩子会是块当兵的料，甚至连许三多自己都不知道军人这碗饭他到底能吃多久。不夸张地说，从进入军营的第一天起，他就已经在某种程度上做好了分分钟被踢出军营的心理准备。可就是这样一个无人看好的傻小子，却愣是过五关斩六将，超越了许多一度难以望其项背的大前辈，最终成为名副其实的兵中之王，震碎了所有人的眼镜。

不只是许三多，还有一个人的例子极富代表性。这个人叫郭靖。

看过金庸的名著《射雕英雄传》的人都知道，郭靖乃一代武林泰斗，其功夫造诣甚至超过了东邪、西毒、南帝、北丐。但是，至少在习武生涯的初期，没人认为郭靖适合干这行。可就是这样一个曾经不被看好的傻孩子，最后却出人意料地变成一代武林宗师。

不只是在文艺作品里，同样的案例其实在你我身边也并不鲜见——许多初始时并不被看好的人，最后却总能成为某个领域的佼佼者，其奇迹般的崛起轨迹常常会令我们不胜感慨。

为什么这样的现象会屡屡发生？

相信许多人都会本能地想起两个词：笨鸟先飞、勤能补拙。因为像许三多和郭靖这样的人往往有两个巨大的优点：一个是老实（或者叫作"傻实诚"），一个是执着（或者叫作"认死理儿"）。这样的人一般来说都肯于付出巨大的辛苦与努力，从来不会偷懒，更加不会溜奸耍滑，所以能够获得最终的成功也是一件水到渠成的事情。

但是，这一逻辑的说服力显然远远不够。事实上，在现实生活中"笨"鸟未必总能"先"飞，"勤"也未必总能补"拙"。否则，你就无法解释为什么在我们这个世界里依然还存在着即便辛苦奋斗一辈子也无法在某个特定领域取得突破性进展的人。

那么，到底是什么原因让那些获得成功的笨鸟"先"飞起来了呢？

问题的关键，就在于"适应"与"适合"这两个词的关系上。

具体地说，"适应"是一个表现过程的概念，与时间有关；而"适合"是一个表现结果的概念，与时间无关。

所以，对于许三多和郭靖而言，他们在各自领域遇到的问题不是"适应性差"，而是"适应时间长"。仅此而已。不过，一个有趣的心理学现象是，往往"适应慢"的人，一旦真正做到了适应，就会立刻像引爆原子弹一样发生核裂变反应，整个人爆发出无比惊人的能量，令他们可以在相当短的时间里迅速登顶、傲视群雄；反之，往往"适应快"的人，在充分适应之后却会迅速踢到铁板，遭遇所谓的"瓶颈效应"，整个人吊在半空中上不来也下不去，再也无法迈上一个新的台阶，最终沦为尴尬又可怜的鸡肋。之所以会出现这样的现象，是因为"适应慢"的人往往适合性极强，是拥有真正大智慧的人，能够将这种适合性发挥到极致；"适应快"的人反而常常适合性极弱，仅仅拥有一点点小聪明而已，而且这点小聪明也往往会在入门阶段便消失殆尽。

可见，"快慢"与"强弱"完全是两码事，甚至呈反比关系，不能将二者混为一谈。

懂得了这个道理，就会弄明白那些傻小子为何能奇迹般崛起、成就卓越，也能够搞清楚那些看似天才的人为什么会迅速凋落、重归平庸。所以，一定要善待团队中的"许三多"和"郭靖"，他们都是无与伦比的好苗子，只不过要想看到他们的崛起就必须给予他们充分的时间。这需要团队的领导者具备洞若观火的眼光以及超强的毅力与耐力。

当然，从另外一个角度来说，"不适应"的人确实也有可能"不适合"，没人会否认这一点。可现在的问题是，这种情况在现实世界中并不常见，至少不像绝大多数人通常想象得那样常见。一般情况下，"不适应"的表现往往都是假性的、暂时的，只要团队管理者肯付出足够的耐心和努力，这些最初表现得极为"不适应"的团队成员常常会是那个真正能够笑到最后的人，那个最终可以表现出最强"适应性"的人。

再来说说"能力"与"潜力"的关系。

提到"适应"与"适合"的话题，就不能不说说"能力"与"潜力"的关系。

我们不妨进一步提出这样的问题：一个长期无法在某个特定领域取得突破性进展的人，是否就意味着彻底没有适应性呢？

答案依然是否定的。即便一个人终其一生也无法在某个领域取得成功，也未必意味着他没有这方面的潜能。

这样的回答恐怕会令许多团队领导者大为困惑：你刚才说适应性是一个时间的概念，还多少给我们留下一些希望，因为只要我们肯付出足够的耐心，至少还能等到"丑小鸭变白天鹅"的那一刻，可你现在又告诉我们"即便丑小鸭具备白天鹅的所有基因，也有可能一辈子变不成白天鹅"，这不是彻底断了我们的念想吗？

别着急，让我们从头说起。

这件事涉及"能力"与"潜力"的关系。一般来说，"能力"是一个物理学概念，是看得见摸得着、可以衡量的变量；而"潜力"是个心理学概念，是看不见摸不着、不可衡量的变量。

这两个概念的关系也很特殊：潜力可以决定能力，而能力尽管可以影响潜力，却未必能够决定潜力。而这里面的关键在于，你是否"相信"自己具有潜力。

还是说回许三多的例子。

毫无疑问，许三多拥有巨大潜力，但他的潜力爆发之所以滞后了那么长时间，除了"适应慢"这一点之外，浑然不觉甚至完全不信自己拥有潜力也是一个极其重要的诱因。当然，许三多的这种不自信责任不在他，而在他严酷的生存环境。从出生那天起，他就必须忍受来自亲生父亲一声又一声"龟儿子"的叫骂，承受家人、邻人与朋友的嘲笑与欺凌。所有这一切，都让这个可怜的孩子打懂事那天起就对自己"来到这个世界纯属多余"的说法深信不疑。而这种负面心理暗示极大地破坏了他的自信心，扼杀了他的所有潜力。这还不算完，即便是长大成人、进入军营之后，他的厄运也并没有停止。穿上军装的许三多依然是所有战友心中公认的"扫把星"，是那个"全连人都想让他滚"的倒霉蛋——这样的"待遇"许三多并不陌生，他已经彻底麻木，完全能够承受。换句话说，许三多认为这样的人生对他而言才是一种"正常"的人生，如果有一天他不再经历这样的遭遇，也许他反而会变得不适应。正是这种自暴自弃的心理差点毁了许三多，直到他遇到了一个生命中的贵人—— 三班长史今。显然，史今意识到了许三多的困境所在，他几乎拼尽全力地做了一件事：让许三多彻底改变低人一等的自我认知方式，将他从无底心理深渊中拉了出来。

在班长不懈的努力下，许三多终于完成了人生中最重要的一次蜕变——平生第一次认为自己"可以行""和别人一样行"。这个革命性的念头彻底解放了许三多，将他压抑许久的所有潜力全部释放了出来。自此，许三多一发而不可收，以奇迹般的速度登顶军营金字塔，不但收获了事业，也收获了久违的尊严。所以，他的成功，其实严格说起来是三班长史今的成功，正是因为班长慧眼独具，看到了许三多的潜力，并且能够对症下药，用巧妙的方法和极大的耐心成功地帮助许三多恢复了对于自身潜力的强大自信，才让这块蒙尘太久的璞玉终于发出耀眼的光亮。

这个故事非常经典，传神地道出"潜力"与"激发潜力"的奥秘。显然，这里面基本不存在"勤能补拙"的问题，而是一个彻头彻尾的心理认知问题。道理很简单，不自信的人往往是不吝于付出努力的，恰恰相反，正是因为不自信，所以他们常常会付出比他人多几倍乃至十几倍的努力，以便能够最大限度地拉近自己与他人之间的巨大差距。但是，只要这种不自信的心理不能得到彻底纠正，就算他们活活累死自己，也基本上不可能彻底改变落后的局面。所以，真正的决定性转机一定是心理层面的，而与肉体上的苦劳无关。甚至不夸张地说，只要心理问题不解决，肉体上的苦劳付出得越多，与成功之间的距离反而有可能越遥远。因为如此巨大的付出都不能改善局面，必将对人的自信心带来更大、更残酷的打击，而这种负面心理的恶化又会反过来进一步拖延局面的改善，如此循环反复，只能是死路一条。

所以，对于团队领导来说，"终其一生也无法变成白天鹅"的"丑小鸭"并不存在，前提是你必须要学史今和洪七公，做一个合格的心理按摩师，替"丑小鸭"们扫除心灵的障碍，将他们身上的"白天鹅基因"彻底解放出来。

聊完了"能力"与"潜力"的话题，再来说说"能力"与"人品"的关系。

没错，现在无论你到哪家公司求职，公司领导都会不厌其烦地跟你讲述"先做人再做事"的重要性，所以至少从表面上看，似乎在现如今的"中国式团队管理"中，"人品"被赋予了一个至高无上的地位。话虽这么说，真正做到这一点的团队到底能有多少，相信每一个人都会心中有数。是的，无论是从前、现在还是可以预见的未来，在团队领导和管理者的心目中，"能力"（即"做事"）永远是一个硬指标、是最优先选项，在这一点上没得商量；"人品"（即"做人"）则是一个软指标、是次优先的备选项，在这一点上绝对有得谈。这才是事情的真相。

这是一个有趣的悖论：俗话说"越缺什么就越想补什么"，吆喝得越响，往往就越意味着匮乏。团队领导与管理者之所以如此强调"做人"的重要，恰恰证明他们在现实世界中吃了太多"不会做人"者的亏。换一种说法，越是强调"做人"的重要性，就越能反证出团队中"不会做人"问题的严重；可即便如此，一旦碰到真正"会做事、不会做人"的主儿，他们又会立马表现得饥不择食，情不自禁地向对方伸出橄榄枝，迫不及待地将对方揽至麾下并小心翼翼地好生伺候。而这样的行为又会惯坏对方，不但会消磨对方的锐气（即"会做事"的一面），甚至还会助长对方的骄娇二气（即"不会做人"的一面），到头来还是得弄到不欢而散的地步；然后捶胸顿足地发毒誓"今生今世只在乎做人，不在乎做事"，再然后又会轻易忘记这个毒誓，再一次被某个人"做事"的亮点吸引，将"做人"的教训置于脑后……如此周而复始，自然会造成团队里"先做人后做事"的口号喊得山响，"不会做人"之风却依然盛行的怪现象。

所以说，"先做人后做事"的道理并不难懂，关键是能不能做到。

其实，许多团队领袖之所以会在这个问题上反复栽跟头，完全是一种侥幸心理作祟。这种侥幸心理主要体现在两个方面：

第一，对"得大于失"的结果过分自信。

他们认为，一个人只要有做事能力，就能为团队贡献较大的价值。那么，一般来说他们创造的价值将远远超过他们带来的成本，最后算总账，找这样的人为公司服务还是划算的。

但是，他们的这种想法忽略了一个极为重要的客观事实：在"不会做人"这一点上，"人品"与"能力（贡献）"往往呈现出一种负相关关系，即"零和"或者"负和"关系。具体地说，对"不会做人"的人而言，往往能力越强，就意味着成本越高。往小里说，小有能力的人会将自己的潜在价值与贡献抵消殆尽；往大里说，大有能力的人给团队带来的伤害会远超他们带来的贡献与价值。总之，用这样的人，你最终所能得到的不是零就是负数，完全得不偿失。

第二，对自己的驾驭能力过分自信。

许多团队管理者之所以会在实际操作中重视"做事"忽略"做人"还有一个原因，那就是对自己驾驭人的能力过分自信——我多少年了？谁能占我便宜？孙悟空再厉害，也照样飞不出如来佛的手掌心！

就是因为这种过剩的"如来佛"心态，才让他们"明知山有虎，偏向虎山行"，眼里只看得到鲜艳欲滴的玫瑰，却不愿正视花茎上的利刺。

这种"如来佛"心态是要不得的。因为它建立在"收人"（即通过实力强行压迫）而不是"收心"（即通过价值观彻底降服）的基础上。要知道人是极难被驾驭的，驾驭人的唯一有效方式就是"收心"。如来佛之所以最后降服了孙悟空，不是因为他的手掌足够大，而是因为他彻底唤醒了后者的向善、向佛之心；否则，除非使用法术彻底干掉对方，想要降服无法无天的"齐天大圣"，还真是比登天还难。

其实，那些现实世界中过度自信的"如来佛"们吃的亏也不算少，他们中的每一个人恐怕都有过无数次"手掌被孙猴子所伤"的惨痛经历，可不知为什么就是痴心不改，对自己的"如来掌"始终充满不切实际的自信，总是一次又一次地吃"孙猴子"的亏，一次又一次地割破自己的手掌。真可谓"衣带渐宽终不悔，为伊消得人憔悴"，实在是可悲又可叹。

所以，"会做人"就意味着"拥有相同的价值观"，而"不会做人"则正相反。

对于价值观不同的人，任何试图"驾驭之"的想法都是不切实际的，还是尽早醒悟过来为好。

☆ 小 结

潜力可以决定能力，而能力尽管可以影响潜力，却未必能够决定潜力。而这里面的关键在于，你是否"相信"自己具有潜力。

/// 分工 ///

对所有岗位的员工要一视同仁

在团队建设的领域里，即便"人"是可以替代的，"价值"
却往往不可替代。

在识人观和用人观方面，"可替代性"与"不可替代性"之间的分寸拿捏
不到位，也是许多团队领导最容易犯的错误之一。

打个比方，我在前面曾经举过一个例子，论证"总经理"（即所谓的"高
端人才"）与"保洁员"（即所谓的"低端人才"）之间的价值关系，并阐述
了这样一种理念：在任何一个团队里，"保洁员"的重要性都不亚于"总经理"，
甚至比后者有过之而无不及。

有些人也许会不服气：你这是歪理！"保洁员"的价值怎么能和"总经理"
比？别忘了，评价一个人的价值高低要看他的可替代性。可替代性越高越没价
值，反之就越有价值。很显然，"保洁员"的活人人都能干，拥有极高的可替代性，
而"总经理"的活未必人人都干得了，所以几乎没有可替代性。这一来一去、
一消一长，谁的价值更高，更应该受到重视，不是傻子都明白的事儿吗？

这个说法很经典，可以说道出了无数团队领袖和管理者的心声。至少对于这样的问题意识本身，可以给一个大大的"赞"。

下面，我就来系统地回答一下这个问题。

作为一个团队领导者，应该如何正确把握人才的"可替代性"与"不可替代性"呢？

首先，一定要深刻理解一个基本原则，亦即"可替代"与"不可替代"不能完全代表价值的差异。

问你一个问题：众所周知，老一辈革命家都会对自己身边的警卫员和服务员尊敬、关爱有加，这样做是为了什么？仅仅是为了表现自己的平易近人吗？

恐怕不尽然。何谓"平易近人"？这基本上还是一个居高临下的概念，是高端人士对低端人士展示体恤之心的一种方式。不过，那些德高望重、身居高位的人之所以会如此尊敬、关爱他们身边的低端人士，恐怕不仅仅是出自一种体恤之心，更多的还是由于对后者价值的看重。也就是说，在这些伟人的心里，警卫员、服务员与他们自己的价值完全相同，并没有高低贵贱之分，只有"革命分工"的不同。

毫无疑问，警卫员和服务员很多人都能当，而这些伟人所处的职位，能够胜任的人却屈指可数。要按"替代性"来说，两者显然无法相提并论，可是悬殊的替代性差异却丝毫不能影响他们之间价值的平等。

所以，在一个真正的领袖级人物心中，替代性与价值完全是两码事，根本不能混为一谈。而且，这里的关键在于，他们是发自内心地这么认为，而不仅仅是做一个"平易近人"的姿态。

对于价值差异的看法，还可以有另外一个视角。即便高端人士不可替代，他们的价值实现离开低端人士的全力协作也是不可能达成的。要知道归根结底团队是靠合作玩转的，一个人的力量再强大，也不可能独立支撑起一个团队，这就跟梅西再牛气、再不可替代，离开队友的配合也照样当不成球王是一个道理。

说到这里，想起一个我亲身经历的案例。

在我曾经服务过的一家汽贸公司里有一个客户关系部。这个部门设有两类岗位，一类是后台的服务专员，一类是前台的信息收集员。后者为前者收集、提供客户信息，前者利用这些信息与客户直接沟通，为公司创造各种利益。我来这家公司后发现，这个部门前台与后台员工之间的收入差异极大，后台的工资奖金收入加起来能比前台高出两三倍之多。这种畸形的分配方式带来了严重后果：前台员工士气低迷，造成大量客户信息的跑冒滴漏现象，直接影响了部门业绩和公司收益。我意识到这种分配方式的严重弊端，立刻进行整改，大幅提升了前台人员的收入水平，缩小了前后台之间的收入差距。

一石激起千层浪，我的举动受到后台员工的强烈抵制。他们的理由是：我们的收入比前台高是应该的，毕竟我们直接为公司创造了利益和价值，大家都长着眼睛，对我们的贡献看得一清二楚；而前台的工作无非是收集一些客户信息而已，这些信息没有我们的妙手加工根本就是一堆垃圾！

这种认知方式非常经典，其要害无非是三个字：可视化。亦即看得见摸得着的，就是有价值的好东西；而看不见摸不着的，就不是好东西，没有价值。

为了纠正这种荒谬的价值观，我对后台员工进行了耐心细致的说服工作：没错，前台提供的信息中确实有可能掺杂着大量的无用信息，也就是你们所谓的"垃圾"。而且，即便是那些有用的信息，如果没有后台员工的辛勤工作，将这些信息彻底激活，变成真金白银，它们也依然只能是一堆垃圾。所以，后台员工的价值毋庸置疑，必须要受到高度评价。可是另一方面，前台员工的价值亦不可小觑，因为毕竟所有的工作都以他们为起点，他们是为整个部门的生产力提供最重要的生产资料，即原材料的人。如果没有原材料，后台员工的手再巧，也不可能创造出任何价值。这是一个大家都懂的道理：你总不能因为不是所有的麦粒都能磨成面粉，就干脆不种麦子了吧？所以说，后台重要，前台也重要。强调他们的价值，并不是贬低你们的价值，反之亦然。对这一点你们要有正确而清醒的认识。

接下来，我又给他们算了一笔细账：我们假设后台员工的成交率是30%，亦即每100个客户信息中会有30个被他们成功激活，转化为真金白银。同时，假设前台员工平均每天跑冒滴漏的客户信息有20个，每个月流失掉600个客户信息。这样算一算，每个月公司损失掉的"摇钱树"，即有效客户信息的数量就会达到180个之多！这是多么惊人的数字！即便考虑到客户信息跑冒滴漏现象在客观上不可能彻底根除这一点，这方面的损失也绝对不能小觑。所以，归根结底，前台员工才是后台员工的衣食父母，他们的士气高低将直接影响后台员工的收入水平。大家唇齿相依，是一个不折不扣的利益共同体，自然需要平分所有的利益。

尽管我苦口婆心一再劝说，却还是未能打开后台员工的心结。他们中的一些人也开始消极怠工，并逐渐发生了离职闪人的情况；可我还是不为所动，咬牙挺住了这一关。我始终觉得，"制度公平"是一个团队得以立足的基础，只要你有了一个好的制度，不愁风平浪静甚至风调雨顺的那一天不会来临。

事实也证明我是对的。由于我从未放弃沟通的努力，更重要的是，由于我展现了强大的决心，让所有人对事情的不可逆转性有了充分的认识，后台员工终于放弃了消极抵抗，开始勉强迎合我的新政。一个重要的转机出现了：曾经担心收入严重滑坡的后台员工惊喜地发现他们的腰包没有受到任何影响，更准确地说，他们中的许多人腰包甚至比从前更鼓了。原因很简单：士气大振的前台员工为他们提供了更多的客户信息，甚至还主动替他们完成了许多信息的筛选和加工工作。有了"弹药"，尤其是高质量"弹药"的充分供应，后台员工的业绩自然会水涨船高。

所以，独木难成舟，在团队建设的领域里，即便"人"是可以替代的，"价值"却往往不可替代。

在价值认知与价值实现方面，团队领导还需要解决两个重要问题。

一个是团队成员的价值自我认知问题，另一个是团队成员的价值实现机制问题。

先说第一个问题。

我在前面提到，团队内部的高端人士往往对自身的价值有着相对偏颇的认知方式，也就是说，他们往往自我感觉过于良好、自视过高。令人遗憾的是，团队中的低端人士也往往认同他们的观点，觉得自己与高端人士之间悬殊的价值差异是一种正常现象，不值得大惊小怪。这就是一种自我歧视心理，而这种心理现象过度蔓延，将给团队建设带来极大危害。

从心理学角度来讲，自我歧视的负面影响要远超自我拔高。因为人的潜力激发水平与对自身价值的认知程度是一种正相关关系。说白了就是：觉得自己牛的人，就真会变成牛人；认为自己怂的人，就真会变成怂人。一个最典型的例子就是影视界、娱乐圈里的各种"星星"。众所周知，许多明星乃至大明星在成为明星之前都是不折不扣的社会上的普通人。就是这样一些人，一旦跨进娱乐圈成为万众瞩目的耀眼"星星"，整个人就会如神功附体一般，顷刻间长满一身的本事，琴棋书画无所不能、斧钺钩叉样样精通，让他们的家人甚至他们自己看着都眼晕，搞不清楚在自己身上到底发生了什么。

为什么会出现这种情况？

道理很简单，这就是"人渣"与"人精"的区别。当一个人处于人人嫌弃的"人渣"状态时，他身上的潜能通道是关闭的，而且越关闭就越无能、越无能就越"人渣"，整个人生仿如陷入一个无底黑洞，垂直坠落且永无着陆的可能。"人精"的命运则正相反。当一个人处在人人追捧的"人精"状态时，他身上所有的潜能通道都会被打开，而且越打开就越有能、越有能就越"人精"，整个人生仿如就此升入无边天堂，直线上升且永不见顶。

这就是人们常说的所谓"开挂"现象。

常言道"天生我材必有用"，其实人和人之间的潜力差距真的是非常微小，几乎无限接近于零。之所以有的人能成为"人精"，而更多的人一辈子只能做"人渣"，关键中的关键就在于价值的自我认知上面。你觉得自己不比"人精"差，你就能成为"人精"；你觉得自己不配做"人精"，就会大大地增加做"人渣"的可能。

一般来说，很少有人能够自己做到掌握正确而健康的自我价值认知方式，所以，在这一点上向他们伸出援手，是领导级人物必须尽的义务。只要你能成功地让每一个团队成员都以"人精"自居，拥有更为良好的自我感觉，你就等于亲手拉开了一道锈迹斑斑的千年大闸门，剩下的事，就是目睹铺天盖地的价值洪流倾泻而出了。

所以，为了打开这道闸门，团队的领导者一定要付出巨大努力，要发自内心地高度认可低端人士的价值与潜在价值，并通过鼓励、诱导、启发等方式，持之不懈地帮助他们将自己的价值与潜在价值最大限度地开发出来。

也许有人会发出这样的疑问：我可以承认乃至重视低端人士的价值，可就是怕把他们惯坏了。你知道，中国人都有"翘尾巴"的毛病，好歹给两句好听的就找不着北，要是真把他们当成宝，还不得上房揭瓦、无法无天啊？

这种担忧非常靠谱，"翘尾巴"现象确实是团队建设中比较常见的一个现实问题，需要得到很好的解决。

那么，这一现象的起因是什么呢？说白了还是一个人性问题。我们知道，人性中善恶并存。具体到"价值认知"的角度来说,善的一面表现在自我价值的高度认知会加倍激发出人的潜力,大幅改善、增强人的生产动机和生产力;恶的一面则表现在自我价值认知程度的提高会显著刺激人的膨胀心理,使人骄傲自满、不受约束乃至不思进取。这就是令无数团队领导和管理者倍感头痛的所谓"翘尾巴"心理。

明白了这一点,便不难找到解决问题的方法,那就是四个字:底线思维,或者说红线思维,而这一红线就是团队价值观。

这一思维方式可以高度概括为一句话:你的价值对我真的很重要,但你绝对不可以踩我的红线,这是最起码的游戏规则。如果你胆敢破坏这个游戏规则,甭管你的价值有多大,我也会毫不犹豫地将你踢出局。因为在你踩红线的瞬间,你的价值就会彻底归零,对于我来说,你就是一个一文不值的人。

有这条红线打底,那些蠢蠢欲动的人就会彻底打消他们翘尾巴的念想,你也可以进退自如、游刃有余了。

其实,话又说回来,那些高端人士就没有自我膨胀之虞吗?对于这个问题你是怎么认知的?不照样是睁一眼闭一眼、"宽以待人"吗?同样的问题为什么放到低端人士身上就会让你寝食难安、忧心如焚呢?说白了,这还是一个"价值歧视"问题。所以归根结底,还是要优先改造团队领导自己的价值观。

说完了"自我价值认知",再来聊聊"自我价值实现机制"的话题。

"重视低端人士的价值"不能仅仅停留在口头上,而是要扎扎实实地付诸行动。

这就涉及"精神鼓励"与"物质鼓励"两个方面的问题。

诚然,自己的价值被承认、被肯定会给低端人士带来精神上的巨大慰藉与鼓励效果,可精神食粮毕竟不能当饭吃,物质激励的长期匮乏迟早会挫伤低端人士的斗志,扼杀他们的价值潜力。

总之，团队管理的终极境界就是物质与精神的高度平衡。"唯物质论"固然有害，天天"望梅止渴"更不可取。如何把握好个中分寸，考验着每一个团队领导和管理者的智慧与造诣。

☆ 小 结

团队领导一定要发自内心地高度认可低端人士的价值与潜在价值，并通过鼓励、诱导、启发等方式，持之不懈地帮助他们将自己的价值与潜在价值最大限度地开发出来。

/// 交集型员工 ///

不可或缺是优势，也是陷阱

> 如果一个团队中的每个人都能甘当螺丝钉，做好螺丝钉的本
> 分，这个团队必将天下无敌。

从结论上说，在任何一种情况下，人才的"可替代性"与"不可替代性"
都是相对的。

不可否认，一般来说，高端人才的不可替代性要大于低端人才。但事情并
不总是如此，在现实世界中反例也大量存在。大家都知道"三百六十行，行行
出状元"这句话，一个表现好的保洁员，其价值绝不亚于一个表现不好或表现
一般的总经理。

前辈们常说的一句话叫作"甘当革命的螺丝钉"，这句话不是说着玩的，
自有其深刻的内涵。

雷锋有什么高深莫测的本事，做了什么了不得的丰功伟绩，居然能让后人
永世记住他并向他学习？

按照雷锋本人的话说，他之所以能成为举世公认的超级牛人，就是因为做

好了自己"螺丝钉"的本分。如果一个团队中每个人都能甘当螺丝钉，做好螺丝钉的本分，这个团队必将天下无敌。这样的螺丝钉，说它"替代性"高，恐怕难以服众。

其实，在现实世界中，配角的风头压过主角的例子比比皆是。在许多工厂里，拥有几十年经验的老师傅挣的钱不比总经理少；在许多经典影视剧中，来自老戏骨的配角，其风头和报酬要远远超过风华正茂、红极一时的主角。这都是低端人才"不可替代性"的明证。

如果你的团队里，每一个低端人才都能拥有这样的本领，其实有没有高端人才撑场子也就不重要了。

事实上，在团队里，许多看似高端的人才未必有那么不可替代。

打个比方，许多高层管理者在公司里的时候每天都会忙得屁股上冒烟，似乎离了他地球就会停止转动似的，可真赶上他因公差出趟远门或因生病长期脱离公司，公司却能照样运转，地球也照转不误。可见，现实世界中的许多"不可替代性"都是虚幻的，离了他地球就不转的主儿还真是不折不扣的稀罕物。另一方面，许多看似"可替代"的人却是真正的"不可替代"：食堂的大师傅要是病了，公司员工还真得饿肚子；总务室的人病了，停电停水时你还真是抓瞎；保洁员辞了职，一个小时之内整个公司一准儿会变成一个大垃圾场；保安员撂挑子，每个人还真是提心吊胆、魂不守舍……

所以说，在一个团队中，"可替代"与"不可替代"都是相对的，作为团队领导，切忌先入为主、自以为是。

其实，退一万步讲，即便是那些可替代性极高，且表现相对平庸的团队成员，对于团队的完整性而言也未必没有相应的价值。

举个例子。小玉是我曾服务过的某汽贸公司总务室的员工。这个女孩为人老实、工作勤恳，是个典型的乖乖女，可就是缺乏主观能动性、不思进取，业务水平总是维持在一瓶子不满、半瓶子晃荡的状态，迟迟得不到提高。这就使得她的工作效率不高，永远是勤勤恳恳地发十成的力，却只能收获五六成的效果。通过我的观察，我认为小玉还是大有潜力可挖的，问题的关键是她的懒惰阻碍了自身潜力的发掘——没错，尽管表面上看起来勤勤恳恳、十分卖力，可正是因为如此，才证实了她的懒惰有多么严重。事实上，她在做一件自欺欺人的事情：试图通过这样一种毫无效率的表面上的忙碌，来为自己的"不作为"或"懒得作为"开脱责任。不过，再往深里想想，她的这种深入骨髓般的懒惰心态也不是不可理解。归根结底，懒惰源自不自信，而不自信源自不得要领。也就是说，如果一个人找到了前进方向以及具体路径，即所谓"得了要领"，那么他是不可能不自信的，而一个自信的人也绝无可能懒惰。所以，具体到小玉的问题上面，我认为责任还是在自己身上。作为一个团队领导，如果不能帮助自己的团队成员找到前进的方向与具体路径，我就没有资格责怪他们，只能责怪自己。

于是，我有意识地把培养小玉作为一场育人试验，开始付诸行动。

我不厌其烦地向她讲解工作的要领与方法、职业的内在规律与发展前景，帮助她"解剖麻雀"，重新认知自身的长短板，不断地启发、鼓励她大胆寻找具体的扬长避短的路径……

总之，我能想到的一切几乎都毫无保留地倾注到了这场试验中。

但是，经过一年多的努力，我的试验基本上还是以失败告终——小玉确实被这场试验深深地触动了。她对此深表感激，有好几次甚至当着我的面流下了热泪，对我以"人生导师"相称。遗憾的是，尽管我丝毫不怀疑她的诚意，却不能自己欺骗自己。事实就是事实，一年前的小玉和一年后的她相比并没有什么本质性的改变。道理也许懂了一些，但自卑依旧、懒惰依旧、低效依旧。

我很感慨，总算弄明白了一件事：看来心灵的触动和行为的改变真的是两码事。人的惰性与劣根性真的是有惯性的，而改变这种惯性确实比登天还难。

尽管很丢人，可最终选择放弃的人是我。而且更丢人的是，我甚至开始琢磨放弃小玉的可能性。不错，她确实是个乖巧的好孩子，可我们要的不仅仅是乖巧，我们要的是效率。

我开始给小玉找"备胎"，私底下约见了不少应聘者。可是无论对方的条件有多优越，我却始终无法下"换胎"的决心。不可思议的是，在找"备胎"的过程中，我总是不自觉地拿小玉的好与众"备胎"的不好相比较，因而总是不由自主地否决"备胎"上位的可能性。这种自相矛盾的心理一度让我大惑不解。不过，最终我还是想明白了个中缘由。看来，这还是一种不折不扣的"狗熊掰棒子"心理。掰一个扔一个，最后才发现，还是原先那个最好。所以，在团队建设问题上也存在"原配"与"替补"一说。尽管"替补"不可或缺，不过如果可能的话，尽量维持"原配"架构肯定是一个上上策。因为甭管是出于什么样的理由，只要一个人进入了你的团队，你就要拿出一种"不抛弃、不放弃"的态度对待他，而这种态度具有极大的传染性，能迅速渗透到团队的所有角落，令你的每个团队成员都能对团队充满感情。当然，同样的道理，你的团队也会对每一个团队成员充满感情，而这种"血浓于水"的感情将成为维系团队战斗力和优良遗传基因的坚强纽带，永续传递下去。

想通了这一点，我也就释然了，最终放弃了为小玉找"备胎"的想法。

时光荏苒，如果现在再一次回望这段小插曲，我会为自己当初的幼稚不禁莞尔：尽管小玉不那么完美、不那么出彩，可是公司不就是被这些既不完美也不出彩的普通员工支撑起来的吗？也许有人会认为这是一种碌碌无为，不过，我们这个世界无论多么力争上游，不是照样会有百分之九十以上的人终生都会在碌碌无为中度过吗？难道这样的碌碌无为，就意味着没有价值？恐怕未必。我们这个世界之所以如此可爱、如此稳定、如此靠谱，恐怕这百分之九十碌碌无为的人功不可没，或者更公平地说，居功至伟。大世界如此，小世界亦如此。一个团队，如果没有一批碌碌无为的团队成员，恐怕也未必就是多么美好、多么理想的团队。因此，否定碌碌无为的价值，也许本身就是一个巨大的错误。

稍微有点数学常识的人都会懂得"正态分布"的理论。这个理论的核心逻辑是："特殊"永远是小概率事件，而"普通"则永远是大概率事件。世上万物都无法摆脱"正态分布"原则的约束，这就意味着无论你有多么努力，也无法让"优秀"成为大概率事件，让"平庸"成为小概率事件。既然如此，不如让我们充分正视平庸、利用平庸，让平庸造福我们的团队，而不是相反。

当然，世上万事没有绝对。如果确实资源有限，时间不等人，必要的淘汰也是不可或缺的。这个世界上的很多事情都难以做到绝对公平，甚至也不应该做到绝对公平。只要你感到自己尽力了，"挥泪斩马谡"的事情在所难免。就拿许三多来说，假设他的运气不好，没有碰到史今（事实上，在现实世界中这种情况发生的概率是极高的。毕竟不是每个人都那么好命，都能够在人生最艰难的阶段遇到生命中的伯乐和贵人），那么以他一贯"垫底""扯后腿"的表现，就算被淘汰也不应有半句怨言。所以，问题的关键在于两个字：尽力。对于团队领导来说，这有两方面的意思，一个是要在转变观念上尽力，切实纠正一些根深蒂固的、没有建设性的人才观（比如说价值歧视）；另一个是要在具体实践中尽力，尽可能正确地识人、留人、育人、用人。只要能做到这两点，"淘汰"便是一件"可以有"的事，不会也不应再有遗憾。

在实际操作中，深刻理解"可替代"与"不可替代"之间的价值悖论至关重要。

一般来说，一个团队成员对其所属团队的"替代性"程度如何，主要有两个评价标准，一个是能力，一个是默契度。

毋庸置疑，能力与默契度越强，对团队来说，这个人的不可替代性就越高；反之，能力与默契度越弱，他的不可替代性就越低。

那么，是否团队中的每一个成员都具有极高的不可替代性，团队就会异常强大呢？

有可能，但不尽然。这个问题得一分为二地看。

让我们先从"能力"的角度看一下不可替代性对团队的影响。

显然，团队里的成员都具备某种不可替代的能力，对团队的核心竞争力而言绝对是一个重大的利好要素——不可替代就意味着价值的极致化，而极致化价值的总集成必然会带来爆发性的生产力，这一点没有任何争议的余地；与此同时，如果团队成员所具备的能力都是不可替代的，这种局面对团队的核心竞争力而言也可以构成巨大的利空——不可替代就意味着没有任何备选项。任何一个团队成员的流失，都会将其身上的价值完整带走，给团队的整体价值拼图带来一个无法弥补的缺口。所以，价值的不可替代性对团队来说也往往意味着巨大的风险。

用同样的逻辑，我们也能轻易地理解"默契度"方面的不可替代性对团队核心竞争力的影响：每一个团队成员都能具备不可替代的默契度，会让团队的核心竞争力如虎添翼；可另一方面，团队成员不可替代的默契度也会给团队核心竞争力构成无以估量的风险。

所以，总的来说，如果你想建立一个强大的团队，那么不追求不可替代性显然是不行的，但对不可替代性的过度追求也会适得其反。

既然如此，作为一个团队的领导者或管理者，我们应该如何把握"替代"与"不可替代"之间的关系呢？

答案其实很简单，就是培养"交集"型人才。

举个例子：张三在甲事务上孤独求败，李四则在乙事务方面独步天下。那么，如果你是张三、李四的领导，你要对他们做这样的要求：张三不一定要精通乙事务，可起码要入门；李四不一定成为甲事务的专家，但不可以是门外汉。这样一来，如果张三或李四发生意外，他们中的另一个人至少不至于抓瞎，而是拥有充分的转圜余地接手对方的事务，为团队赢得宝贵的喘息时间与调适空间，最大限度地减少团队的损失。

有人也许会说：你的这种做法一点都不新鲜，这不就是所谓的"用全才"吗？

对于这种说法，我的回答是否定的。"交集"型人才与"全才"完全是两码事，前者有着明显的倾向性（即专注一点、兼顾其他），而后者则是不折不扣的一刀切（即没有特定的专注点，平均分摊精力）。所以，用"全才"的好处是一个顶仨、省时省力省钱，坏处是哪件事都不能做到极致化（或至少无限接近于极致化），浪费大量潜在效率和效益。"交集"型的人才则不同，这些人从本质上来说还是"专才"，只不过具备了随时弥补其他价值空缺的某种基本素质。如果这样的价值空缺不发生，他们永远不必从自己的专注点中分散过多的精力，但是这样的价值空缺一旦发生，他们也随时做好了取而代之的准备。

如果团队中这样的"交集型"人才多一些，就能够最大限度地对"不可替代性"与"可替代性"的优缺点进行扬长避短的操作，令我们的团队领导与管理者在驾驭团队时更加进退有据、游刃有余。

"能力"如此，"默契度"亦如此。

举例说明：张三与李四在甲事务的配合方面默契无间，王五与赵六在乙事务的配合方面形同一人。那么，作为团队领导，你需要对他们几位做出如下要求：

张三、李四需要分别具备与王五、赵六搭对儿合作的经验，尽管不要求这样的合作能够拥有极高的默契度，但是起码这几个团队成员彼此之间不能够有陌生感。再重复一遍，可以不熟悉，但绝不可以陌生。只要具备这样的基础，那么万一两对黄金搭档发生了某种意外，团队依然能够拥有其他选项，而不至于一筹莫展。

　　总之，团队领导一定要接受这样的理念：与其要两棵孱弱干瘪的小树，不如要一棵枝叶繁茂的大树和一个刚刚破土而出、愣头愣脑却生机勃勃的小树苗。

　　那么，在具体实践中，我们的团队领导又应该如何把握好"大树"与"树苗"之间的分寸呢？

　　这是一个值得深思的问题。无论答案会有多少可能，有一点绝对会是一个必选项。这就是"轮岗制"，主要有两种方式：一个是"在职轮岗"，一个是"实习轮岗"。

　　关于这方面的话题，我们下节接着聊。

☆　小　结

　　如果你想建立一个强大的团队，那么不追求不可替代性显然是不行的，但对不可替代性的过度追求也会适得其反。

/// 轮岗 ///

夯实团队根基，规避风险和不确定性

> 轮岗的妙处之一，在于它能将部门间的藩篱消弭于无形，不
> 给部门本位主义任何生存、坐大的空间。

所谓"在职轮岗"，指的是已经入职的正式员工在团队内部不同的部门之间轮换履职。这种现象现在已经极为罕见了，但是在几十年前的老国企时代则是司空见惯、不足为奇。那时的人们有一句口头禅：我是革命的螺丝钉，哪有需要往哪儿拧。传神地道出了人们对岗位不确定性所秉的一种不以为然的开放心态。

后来，随着改革开放进程的突飞猛进，人们越来越对所谓的"专业性"以及"定员定岗"制度情有独钟，在职轮岗的风气在中国便江河日下、逐渐难觅踪迹。

坦白说，定员定岗、专才专用本身并没有错，这种思维和行为方式符合现代化管理理念。但是，如果对这一理念的过度强调造成在职轮岗制度的彻底缺失，则会物极必反，对团队安全以及综合竞争力带来极大的负面影响。

定员定岗、专才专用思维的绝对化就意味着高度的不可替代性，而一个团

队内部的不可替代性元素越多，这个团队的不确定性便越大，团队的根基也便越脆弱。

所以，为了夯实团队的根基，减少团队运行的风险与不确定性，大力恢复老国企在职轮岗的好传统，对现今的团队领导来说是当务之急。

必须承认，即便是在现代团队中，也存在着一种特殊的在职"跨岗"现象，这就是"提拔式跨岗"。也就是说，当一个团队成员受到特别的重视或者提拔的时候，有可能赶赴一个完全陌生的岗位任职。但是，由于没有事前的轮岗经验打底，这种跨岗任职的案例往往难有理想的结局。在中国的团队里，我们经常可以看到这样一种现象：在基层干的时候，某位团队成员的表现还算不赖，但是一被提拔到领导岗位上，就会立马抓瞎，把所有的事情搞得一团糟。到头来还得被领导撤换掉，回到原来的岗位，整个儿一白忙活、瞎折腾。

这种现象之所以会普遍发生，固然有"才非所用"的因素，更重要的恐怕还是缺乏充分的事前准备，而事前准备的重要一环，就是轮岗制所带来的不同岗位上的实际工作经验。

说完了"在职轮岗"，再来聊聊"实习轮岗"。

顾名思义，所谓"实习轮岗"，就是指那些团队准成员（候补成员）在实习期间进行的轮岗操作。之所以进行这样的操作，除了让未来的团队正式成员能够更好地了解团队的全貌，更有效地融入团队的整体运行机制中去之外，还可以大幅降低团队的不可替代性和不确定性，提升团队的总体替代性和运行稳定性水平。而且，至少对于中国团队的现状而言，应该说"实习轮岗"制比"在职轮岗"制的可操作性更强一些，毕竟和已然各就各位的正式成员相比，尚处于实习状态的准成员拥有更多的机动性和转圜余地。不过，令人遗憾的是，即便如此，在中国的团队中实习轮岗现象依然极为鲜见，拥有这一意识的团队领导与管理者依然凤毛麟角。

在这方面，除了老国企之外，日本企业的经验也非常值得我们借鉴。

在日本企业的人事制度体系中，有一种所谓"职场生涯规划"制度，这是一种帮助团队成员策划以及实现职场生涯目标的半强制性制度安排。打个比方，如果你是一个日企员工，那么从你迈进公司的第一天起，你的团队领导以及人事主管就有义务同你一起商量一下你的未来。无论你心中是否有谱，这个谱是大是小，是实际还是不实际，你的团队领导和人事主管都会最大限度地根据你的实际情况帮你或替你拿个主意，定下一个中短期的职场规划。然后，你的团队会根据这个规划为你策划一系列的培训和职场实践计划，并负责检查、督促这些计划的具体操作过程及阶段性成果，一直到你实现或接近实现你的计划目标为止。

而"在职轮岗"制，就是这种制度安排的一个重要组成部分。具体地说，无论是你自己主动提出的要求，还是团队领导根据你的职业规划内容认为你有这样的客观需要，基本上每一个日企员工都会在企业内部的不同部门之间拥有大量的轮岗机会，然后在这样的轮岗过程中不停地向上攀爬，一步一步地迈向管理岗位乃至职场金字塔的顶端。整个过程就好像是一个螺旋状阶梯，所以许多日本人也喜欢将自己的职业生涯戏称为"螺旋式人生"。

不只是"在职轮岗"，"实习轮岗"更是日本人的拿手好戏。与中国式团队不同，许多日企的实习期往往都会超过半年，甚至长达一两年。之所以设置如此漫长的实习期，就是为了最大可能地收获相对成熟的团队新成员。所以，日企中的实习轮岗制做得相当彻底，许多看似与本专业风马牛不相及的岗位你也必须跳进去操练操练，一直到你干得有模有样为止。

举一个例子，在日本丰田公司的经销商体系中，一个应聘二线办公室文员的实习生，很有可能会被派到一线维修车间做半年修理工的工作，当然，是学徒性质的工作。在这期间，哪怕你是一个手无缚鸡之力的女孩子，也会被要求独立完成给维修车辆更换轮胎之类的体力活。至少按照规定，没有人会伸出援手，你也不能提出这方面的要求。既然是实习，就是一种锻炼；既然是锻炼，就得动真格的。每一个人都懂这一点，每一个人也会认真践行这一点。而这样做的好处是显而易见的。最大的好处就是极大地提升了团队的弹性，降低了团队的不确定性。也就是说，尽管实际发生的可能性并不大，但是如果有紧急需要，即便是一个办公室文员也能相对轻松地填补一个车间维修工的空缺。这样的团队弹性可谓无与伦比，相信任何风吹雨打也无法动摇其稳固的根基。

不仅如此，无论是在职轮岗还是实习轮岗，这种团队内轮岗制度的实施还有两个好处：一方面我们前面提到过的自我价值实现功能，即这样的制度安排能够极大地激发团队成员的潜力、提升他们的综合能力、改善他们的业绩、强化他们的职业成就感以及对团队的忠诚度；另一方面，这一制度的实施还能够最大限度地解决部门间沟通不足所引发的种种现实问题。

作为一个中国式团队的领导者和管理者，在日常管理工作中所遇到的最大的头痛事恐怕就是这类问题了。团队中部门本位意识盛行，不能够做到整体一盘棋；遇到问题彼此推诿责任、相互攻讦指责；缺乏合作意识，彼此互扯后腿，等等，都是现代中国团队中最常见的"风景"。而且，尤为关键的是尽管此类问题如此频发、影响如此严重，却常常极难被解决。因为此类问题最诡异的地方，就在于它们往往不能以简单的对错论之。公说公有理、婆说婆有理，站到彼此的角度与立场看问题，大家都是正确的，甚至是正义的，很难予以直白的指责，自然也就很难拿出一个公正公平的结果。所以，遇到此类问题，团队领导和管理者往往只能采取和稀泥的方式，各打五十大板，或者象征性地说一句"彼此都要有点牺牲精神"之类的话，稀里糊涂地了结问题与争议。

所谓"清官难断家务事"，说的恐怕就是这种情况。所以，既然外部的力量难以解决，就不妨充分利用团队成员的内部力量解决这类问题。

　　从本质上来讲，任何一种问题的解决都存在"主观意愿"和"客观条件"两方面的制约因素。而且一般来说，在任何一个问题的解决方面，"主观意愿"的重要性都要远胜"客观条件"。因为只要拥有足够的诚意与意愿，绝大多数客观条件（困难）理论上都是可以被克服的，真正无法解决的问题绝对屈指可数。所谓"有条件要上，没有条件创造条件也要上"说的就是这个道理。不过，从另一个角度来讲，由于主观意愿看不见也摸不着，所以那些看得见摸得着的客观条件往往便会遮住人们的双眼，让人们在困难面前进退失据、裹足不前，难以产生足够的克服困难的诚意与意愿。

　　因此，在跨部门沟通方面，如何有效激发不同部门的团队成员解决问题的主观意愿，便成为团队领导和管理者必须深思的课题。而我的答案是：解决问题的主观意愿，和对问题本质理解的深度有关。对问题本质理解得越深，解决该问题的主观愿望便越强，反之亦然。

　　团队内部的轮岗制度恰恰为这样的理解提供了一个绝佳机会。由于每一个团队成员都曾经在不同部门工作过，深深地了解所有部门的内部架构、运作程序和业务性质，知道不同部门的穴位与痛点在哪里，也能够对这种痛点给予最大限度的理解与同情，因而可以产生足够强烈的配合意愿，促成问题的有效解决。不只如此，由于都是自己曾经工作、战斗过的地方，团队成员对同一团队内部的兄弟部门也会产生强烈的"娘家"般的认同感，从而极大地激发出主动配合的意愿，从根本上减少此类问题的发生。

　　简而言之，轮岗的妙处之一，就在于它能将部门之间的藩篱消弭于无形，不给部门本位主义任何生存、坐大的空间。在这样的一种制度安排下，"团队一盘棋""公司一盘棋"将是一件水到渠成的事，可以说"得来全不费工夫"。

　　总之，就跟足球比赛一样，如果你想尽量多地赢球，办法只有一个：竭尽所能地招募那些曾经在不同的主场球队服过役的球员为你的球队踢球。那样的话，无论你的球队去到哪里踢球，那里都会变成你的主场。

诚然，团队内部的轮岗制也会遇到一些阻碍，比如说所谓的"泄密"问题。

即便团队领导能够接受并大力推广这种制度，也可能会遭到部门管理者的暗中抵制。因为团队内部的部门之间也会存在各种各样微妙的竞争关系，以及"内部机密"，而这些机密是部门管理者无论如何也不愿泄露出去的。

所以，至少在我们这里，轮岗的频率可以相对低一些，但是时间不宜过短。因为只有拿出相对充裕的时间了解各个部门，才能最大限度地消除敌意，真正与这些部门融为一体，相对完美地实现轮岗的目的。而且，这样做还有一个好处，那就是知根知底的人越多，一些恶性的潜规则便越难有容身之地。从这个意义上讲，轮岗制就像是一部天然的空气净化器，能够不断地过滤团队内部的浊气，不断地为团队吹进清新的氧气。

总而言之，"替代性"是一个非常复杂也非常有趣的话题。一方面，你必须要让自己的团队成员发自内心地相信他们中的每一个人对于团队而言都是不可替代的，通过这样的方式最大限度地激发他们的潜力和主人翁责任感；而另一方面你又必须给他们划一道红线，让他们清醒地认识到不可替代性是有底线的，这道底线绝对不可以逾越。

只要你能把握好这里面的分寸，做到进退有据、收放自如，那么每一个团队成员都将顷刻间成为你棋盘上的一步活棋，极大地提升你事业成功的概率和效率。

☆ 小 结

轮岗制就像是一部天然的空气净化器，能够不断地过滤团队内部的浊气，不断地为团队吹进清新的氧气。

第五章

领导力极致：团队越不需要你，
你越成功

/// 原则 ///

管理是做加法，领导是做减法

作为一个领导者，当你彻底"消灭"自己的时候，反而在团队中得到了永生。

探讨领导力的问题，需要逆向思维。

让我们重回领导力的原点，从领导力的本质说起。

从根本上说，"管理"与"治理"是两个不同的概念——前者是管理者的工作，需要的是管理能力；后者是领导者的工作，需要的是领导力。

这需要从横向和纵向两个维度看问题：

纵向——越微观、越局部、越基层越是管理，越宏观、越整体、越高层越是治理；

横向——越短期越是管理，越长期越是治理。

从操作哲学的角度来说，越是管理，越要"有为而治"；越是治理，越要"无为而治"。

换言之，管理者应以"有为"为重，在实践中应该"举轻若重"；而领导者应以"无为"为先，在实践中应该"举重若轻"。

当然，这并不意味着相反的情况不会发生，但大体上的原则是这样。

之所以这样说，是有理由的：管理者越"有为"，领导者便可以越"无为"；领导者的"举重若轻"，是以管理者的"举轻若重"为前提的。

如果我们把人的存在感（影响力）分为显性和隐性两种，将前者称为"有形的手"，后者称为"无形的手"，那么管理者（管理力）蜕变成领导者（领导力）的过程应该是这样一个路线图：显性的存在越来越小，隐性的存在越来越大；有形的手越来越小，无形的手越来越大。

可见，领导力的终点，就是在团队中彻底"消灭"领导力。只有当一个领导者做到这一点的时候，他那只"无形的手"才会在团队中遮天蔽日、无所不在——尽管这只"手"没有人看得见，甚至没有人能够意识得到、感觉得到它的存在，却无人能够否定这只"手"，摆脱这只"手"。

所以，当你彻底消灭自己的时候，你反而在团队中得到了永生。

这才是领导力的真谛，是一种真正的化境。

道家鼻祖老子，将这种状态称为"无为而治"。

一般来说，能够成功地从管理者蜕变成领导者的人是少数，其根本原因就在于大多数管理者没有搞清楚这个逻辑。即便他们已经成为领导者，却依然改变不了原先的惯性思维，依旧猛冲猛打、"奋发有为"，从而离"无为而治"的境界越来越远，始终无法参透领导力的真谛，自然也无法获得真正的领导力，成为真正的领导者。

对于"无为而治"，许多人都有这样那样的误解。最经典的误解是：无为而治的意思，就是什么也不做，彻底"放鸭子"；"爱咋的咋的"，一切顺其自然；该来的迟早会来，"随它去"吧！

这种"大撒把"式的思维和行为逻辑，绝对是曲解了先贤们"无为而治"

的初衷。

那么，无为而治的思想到底是什么意思呢？

简单点说，就是当一个事物运转良好的时候，你就不要管它、不要干涉，任由它按照自己的轨道和节奏自由自在地运转下去。这里面有两个关键词，一个是"运转良好"，一个是"干涉"。先说"运转良好"。什么叫"运转良好"？有两个方面的意思，一个是"良好"，一个是"惯性"。也就是说，事物已经处于"良好"的轨道，并且能够保持"一贯如此"的状态。再说"干涉"。没错，当事物一贯良好的时候，完全没必要，也不应该干涉。可是，当由于某种原因，事物不再良好的时候，你不干涉怎么行？这就好比一列在轨道上运行的火车，如果一切如常，显然不应干涉。可是如果司机疲劳驾驶，或者有人捣乱，向轨道上扔杂物，让列车有出轨的危险，显然"不干涉"才是不可思议的选择。

现在问题来了：常言道，万事开头难，如何才能让事物"运转良好"呢？或者换一个说法，如何才能让事物从原始的杂乱无章，变成规范的井井有条呢？这是管理者的职责，需要"有为而治"。管理得越严格，执行得越彻底，事物进入轨道，并形成惯性才有了可能。

那么，如何才能让这种惯性长期保持下去呢？

这是领导者的职责，需要"无为而治"。惯性正常的时候不要管，惯性不正常的时候坚决管，才能让"良好的运转"长期维持，不出大岔子。管理者与领导者，各就其位、各司其职，"治理"这件事才能水到渠成，否则就会让团队掉入"管理"的泥淖中无法自拔。

在现实世界中，太多的团队都钻进了"管理"的死胡同，让事情变得一团糟：团队上下越是狠抓管理，各种问题越是层出不穷；各种问题越是层出不穷，团队上下便越是狠抓管理……直至所有人焦头烂额、不胜烦恼，却也只能徒呼奈何、回天乏术。

究其原因，就是因为大多数团队不缺管理者，唯缺称职的领导者。团队没有领导力这个核心要素，管理能力再强，管理人才再多也没用。没有领导核心的人才队伍，只能是一盘散沙，不堪一击。反之亦然，一个团队一旦拥有了核心领导力，即便团队中尽是些二三流的管理人才，也能让团队拧成一股绳，发生神奇的化学反应，具备强大的竞争力与战斗力。

总之，管理者是做加法的人，领导者是做减法的人。但无论是管理者还是领导者，终极目的或者说终极职场目标都是减法，一直到归零为止。因为加法是基础，减法是升华。两者互为因果，相辅相成，缺一不可。

这就是"大道至简"的道理，也是"无为而治"理念的精髓所在。

换言之，无论是管理者还是领导者，在团队中的终极目的都只有一个，那就是彻底消灭自己的存在。当一个管理者做到这一点的时候，他便成功地羽化成蝶，成为一位货真价实的领导者，开始拥有领导力；当一个领导者做到这一点的时候，他会成为一个不折不扣的终极大 boss，进入"封神"之旅，开始拥有"如来神掌"的威力。

显然，这是一个逐渐成长的进阶过程，是"管理"进阶为"领导"，"领导"进阶为"领袖"的过程。

具体的操作方法，或者说操作顺序应该是这样的：驯化加参悟。前者是初始阶段的主要状态，后者是进阶乃至成熟阶段的主要状态。

这里的"驯化"，是一种拟人的修辞方式。意思是说，在一开始的时候，基本上不需要发挥人的主观能动性，甚至如果有必要的话，要彻底回避人的主观能动性。

因为在成长的初始阶段，人的主观能动性未必是个好东西。主观能动性越大，效果反而有可能越差，反而会令人杂念丛生，给"驯化"的结果平添许多变数。

所以在这个阶段，"机械地接受"与"大量的重复"是必要的，"边理解（消化）边接受"与"较少的重复"反倒不必要，也不现实。

就拿小孩子的"填鸭式教育"来说，"死记硬背"的学习方法到底好还是不好？

大多数人会给出否定的回答。其实不然，死记硬背是任何一个人学习知识初始阶段的必由之路，没有人绕得开。

因为对于一个小孩子来说，他的人生经历、知识储备和理解能力有限，要求他把学到的东西全部消化掉是不可能的。可是由于无法理解消化便放弃学习也完全不可取，是典型的因噎废食之举。所以唯一正确的做法只能是"填鸭"，只能是死记硬背——甭管是否理解，先灌进去再说。在大脑中形成记忆，先保存起来，随着年龄渐长，阅历增加，迟早有一天会真正理解。

就是这样一个逻辑，这就是典型的"驯化"过程——不需要太多主观能动性，先被动接受，再逐渐化被动为主动。

职场中的成长也是这个道理。无论如何，你不可能，也不应该绕过"驯化"这个过程。

具体的操作方法是这样的——关上大脑，动手动脚。

不用考虑，不用理解，关上你的大脑，放空你的思维，把你的手放到我的手里。我让你往东，你就往东；我让你向西，你就向西……如此循环往复一千遍，你就可以出师了。

就这么简单。

事物遵循了这样一个逻辑：你不需要"理解"做事的流程，只需机械地按照流程的要求去"做"就行。将流程被动地重复一千遍，就会形成惯性。即便不假手他人，你也能顺利地独自完成整个流程。因为流程本身是正确的，正确的流程必然会带来正确的结果，而正确的结果必然会激发强烈的成就感。不断地积累成就感，你就会越来越自信，越来越自如，越来越熟练。只要你进入这样的良性循环，对流程的"理解"是迟早的事。

这就是"理解了要执行，不理解也要执行，在执行中理解"的道理。

另一方面，在成长的后半段，也就是进阶阶段，人的主观能动性则变得无比重要，因此"参悟"便成为重点。

这个时候，"填鸭式"、大量重复的教育方式不再可行，灵感的激发与点拨成为成长的主要途径。如果把前者比喻成"千斤压四两"，那么后者则是典型的"四两拨千斤"；把前者比喻成"发蛮力"，后者则是典型的"发巧力"。

总之，能否顺利地闯过这一关，就看谁的积累深，谁的悟性高了。但无论怎么说，人的积累与悟性是成正比的。除了极个别的天才之外，绝大多数人卓越的悟性，均来源于深厚的积累。

万事皆如此——不打好基础，想一步登天是不可能的；不会或不肯发蛮力的人，没资格也不可能发巧力。

"大道至简"的理念来源于老子"为学日益，为道日损（做学问，要越学越多；修道，则要越修越少）"的教诲。

遗憾的是，大多数人都深深地误解了这个理念，错读了这个逻辑。

他们认为：既然要"为道日损"，那么就没必要学太多东西，只挑有用的学就行，只学精华就行。这样效率最高，效果最好，可以节省大把的时间。

问题是，当你知识贫瘠、见识短浅，没有任何积累的时候，如何去判断哪些东西"有用"，哪些东西是"精华"呢？抑或即便你能够判断，这些"有用"的东西，"精华"的东西，你又是否能够真正地消化吸收、为我所用呢？

显然，这样的思维和行为方式不合逻辑，不可能让你修成正果。相反，这是一种典型的偷懒思维，只能把你带进"无知"的不归路。

所以，一上来就"为道"是不靠谱的。"为道日损"的前提，是"为学日益"。只有博览群书、学富五车的人，才有资格"修道"；文盲是没有资格"修道"的，因为想"修"也"修"不来。

同样的道理也适用于"无欲则刚"。"无欲"就是"将欲望清零"，这要以"有欲"和"满足欲"为基础。如果你一无所有，根本谈不上"满足"，又如何"无欲"，如何"清零"呢？难不成要"清"空气？

可见，减法，归根结底要以加法为基础。不会做加法的人，是没有资格奢谈减法的。

"大道至简"就是这个逻辑："大道"虽然只有一条，却是用无数"小道"堆积而成。一个没有走过无数羊肠小道的人，一上来就想迈入康庄大道是不可能的。

所以说驯化与参悟的过程有严格的先后顺序，违背这个顺序，职场人生的路线图便会错乱乃至崩盘。

当然，这并不是说驯化的阶段绝对不可以有参悟，或者参悟的阶段绝对不可以有驯化。当然不是这样，驯化与参悟可以同时存在，这并不是两个完全抵触的因素。只不过，主次之分和前后顺序是明确的：初始阶段以驯化为先，进阶阶段以参悟为主。

教育如此，成长亦如此：一个普通员工必须经过大量的训练与实践，积累大量的经验与挫折才能成为管理者，一个管理者必须经过同样的过程才能成为领导，一个领导必须走完同样的路程才能成为领袖。

只要团队中的管理者和领导者按照这个路线图一路成长下去，最终一定会达到"消灭自己"的终极目的，真正进入"大道至简"的化境。

这就好像爬山，你总得历尽艰险爬到山顶，才能"一览众山小"；然后从山顶回到山麓，才能在饱览壮丽山色之后重接地气。所谓"绚烂至极归平凡"，就是这个道理。

近些年来，应邀去企业做管理咨询的时候，我一直向老板和高管们半开玩笑地推荐这样一种新思路:无论身处什么级别,什么岗位,所有的管理人员,务必在三年内为自己寻找(或培养)一位接班人,使其彻底代替自己在公司里的角色,让自己对公司而言变得无关紧要。谁做不到这一点,谁就卷铺盖走人。这一条应该以制度的方式确定下来。

当然,将这种"自我淘汰"的做法完全、彻底地"落地"不太现实,但至少这样一种思路和理念还是值得推广的。

最低限度,对那些极富价值的关键岗位来说,"自我淘汰"制度必须落实,否则后果不堪设想。

越是重要的岗位,越不可以对某个人产生绝对依赖。尽管这是一个起码的"经营安全"常识,却没有多少企业真正意识到它的重要性,总是让"某个人一离开,某个部门或某项业务便玩不转"这样的怪事在企业里重复发生。

究其原因,就是企业高管们没有树立起关键岗位的"自我淘汰"意识,没有在企业内部建立相应的制度体系,并严格贯彻执行。

不只是安全方面的考量,"自我淘汰"制度的推行,在人才培养和人才梯队建设方面也有着极为重大、极为现实的意义。

我一再强调,对于一个领导者或管理者来说,"为企业培养人才"是最重要的工作(且没有"之一")。任何不能透彻地理解,彻底地践行这一点的人,都没有资格做别人的领导。而"为企业培养人才"的最高境界就是"复制自己"从而"消灭自己"。换言之,就是为自己培养一个合格的接班人。

事实上,只有"自己为自己培养接班人"才是最靠谱的做法。因为你的工作只有你自己最清楚;哪里是痛点,哪里是陷阱,哪里是窍门只有你自己最明白。只要你倾囊相授,按照"驯化加参悟"的模式发现、训练、培养后辈,你身上的绝技便能一代又一代地传递下去,你的团队和整个企业也便能生生不息地发展下去,不断成长、茁壮。

总之，无论是出于主动还是被动，企业里出现"不可或缺"的人才，绝非好事一桩，更别提出现大量"不可或缺"的人才了。

如果是出于主动，亦即这些"不可或缺的人才"是通过有意识的自我封闭刻意维持乃至升级自身价值的稀缺性（比如故意不向后辈传授知识与经验），那么这种人对于公司来说绝对是危险的存在，应该引起公司高管的高度警惕，必须提前做好应对预案；如果是出于被动，亦即这些"不可或缺的人才"没有意识到"自我淘汰"的重要性，所以没有产生行动；抑或即便意识到了这件事的重要性，也不清楚付诸行动的具体方法，那么企业的高管层应该主动出击，有所作为，通过耐心地宣讲与指导，彻底解决这方面的问题。

其中的一个关键点是，必须要让大家明白一个道理："自我淘汰"的本质，是"自我升华"而不是"自我毁灭"（许多人就是因为没有弄明白这个道理，总是害怕有了替代者，就会让自己丢掉饭碗，等于自讨苦吃、自毁前程，所以才会对这种做法心存犹豫、裹足不前）。

理由很简单：如果一个人，能够成功地为自己培养一个接班人，从而在企业里消灭自己的存在，那么他的上司是会更重用他，还是会更轻视他？

换了你是那位上司，你会怎么想？

答案是秃子头上的虱子——明摆着的：当然是更重用他！

一个能够成功地复制自己的人，就好像孙悟空——只要拔出一撮猴毛，用嘴一吹，就能复制出无数个齐天大圣。这样的人简直就是公司的宝贝、是能下金蛋的鸡，又怎能轻易放弃呢？

所以，能够在企业中成功复制自己的人，基本上只会有一种"后果"，那就是"退居二线"，把自己的位置让给那个代替自己的人。那么，"退居二线"后，他又能做些什么呢？简单，站在角落里静静地注视着那个冲在一线的人，也就是自己的复制品。如果对方干得不错或感觉良好，就为其做一点打杂、服务的工作，在一边默默地协助他；如果对方出了差错或栽了跟头，就及时出手矫正，把他扶起来——这是一种什么状态？是"无为而治"的状态。进入这种状态的是一些什么人？是"领导者"。

可见，"退居二线"的本质，恰恰是"获得高升"，意味着你的职场生涯已经渐入佳境，接近巅峰了。因此，你非但不必担惊受怕、自怨自艾，反而应该自信爆棚、倍感荣耀。

日本的南国丰田株式会社，就是这方面的翘楚。这是一家专门销售丰田汽车的公司，也是日本汽车销售业界的一个传奇。

这家公司有一项神奇的制度，叫作"全员店长制"。

在这家公司里，几乎完全没有"管理者"这一岗位。老板赋予店长的唯一使命，就是在公司里彻底消灭自己的存在。也就是说，所有的员工都是"店长"，都要为自己以及全公司负责。任何做不到这一点的店长，都会被老板开除。

那么，消灭了自身存在感的店长，需要做一些什么工作呢？

简单，为员工端茶送水、复印文件，做一些"打杂"的工作。当然，如果店里的某个运转环节出了问题，他也要第一时间站出来为下属员工出谋划策，协助他们渡过难关。

对这样的店长，老板是极为厚待的。他们的工资最高，福利最好，而且全体员工对此毫无异议，全力支持。

可以想见，这家公司的业绩得有多么惊人。按照他们自己的说法，别的公司是"顾客想买什么，店家就卖什么"，而他们公司是"店家想卖什么，顾客就买什么"。所以这家公司的经营已经进入一种化境，可以完全无视大环境的好坏，永远按自己的节奏运转。能够打败他们的，只有他们自己了。

这就是"无为而治"的威力。

总之，每个人都想做那个"让团队离不开的人"，这是人之常情，本身并没有错。不过，一个团队是否离不开某个人，是有说法的：

局部越离不开，整体越离得开——意味着你对团队没有什么价值，是多余的人；甚至是一个祸害、负价值，对团队有害。这种人应该尽早清除；反之，局部越离得开，整体越离不开——意味着你对团队有极大的价值，是灵魂级人物，是不可或缺的存在—— 这才是终极的"离不开"。

参不透这一点，你就没有参透领导力的真谛。

☆ 小 结

管理者应以"有为"为重，在实践中应该"举轻若重"；而领导者应以"无为"为先，在实践中应该"举重若轻"。

/// 定位 ///

做弱势的强势领导者

> 一个团队里的领导人物越强，这个团队的成员往往就会越弱；
>
> 反之亦然。

看到这个题目，许多人也许会感到费解：领导者强势我能理解，但弱势还怎么当领导？弱势的领导者还不得被团队成员欺负死？

别着急，且听我慢慢解释。

不知道你是否发现了这样一个有趣的现象：往往一个团队里的领导人物越强，这个团队的成员就会越弱；而一个团队里的领导人物越弱，这个团队的成员就会越强。也许你会感到很奇怪，会发出这样朴素的疑问：不是有那么一句话吗？"兵怂怂一个，将怂怂一窝"。意思就是说"领导越强，下属就会越强；领导越弱，下属就会越弱"。怎么现在反倒颠倒过来了，成了"将怂怂一个，兵怂怂一窝"了呢？

显然；这里面存在着一个悖论，那就是如何理解"强"与"弱"的相互关系。

简而言之，如果团队领导的"强"与团队成员的"强"是彼此相生的关系，那么"将强兵强"就是一个必然的结果；反之，如果团队领导的"强"与团队成员的"强"是彼此相克的关系，那么"将强兵弱"将是一个无可回避的局面。

既然如此，什么样的情况下，将的强与兵的强会相克？而在什么样的情况下将与兵的强又会彼此相生呢？

这是一个严肃的问题，需要好好想一想。而答案也许会出乎所有人的意料：关键在于领导是否发自内心地希望下属强。这又是一个悖论。照理说，天下应该没有领导不希望自己的下属强，可极为讽刺的是，天下又几乎没有哪个领导发自内心地希望下属强。

为什么会这样呢？问题就出在领导的"强势欲"上面。这是一种极为矛盾的心理状态：一方面，天下领导都希望自己的下属尽可能地强大一些，好让自己省点心；可另一方面，天下领导又不希望下属太强大，怕下属抢了自己的风头、遮住自己的光芒。

遗憾的是，过于强大的"强势欲"往往会让团队领导抑制下属变强的念头占上风，使团队领导尽管在言语方面会经常性地鼓励下属强势，而在行动上却总是下意识地打压乃至绞杀下属的强势欲望。

从心理学的角度来说，团队领导这种看似自相矛盾的心态和行为其实不是不可以理解，但是对于团队成员而言，这种来自领导人物的矛盾心理所带来的压力与阻力却是相当惊人的。不客气地说，在百分之九十九的团队里，百分之九十九的团队成员最大的心理障碍抑或成长障碍来自自身的团队领导：因为有领导在，所以放不开；因为有领导在，所以不能尽展才华；因为有领导在，所以不敢强大起来……尽管听起来令人不敢置信，甚至会让人感到触目惊心，但是很遗憾，这就是绝大多数团队的现实。

那么，接下来的问题就是：为什么大多数团队领导都会拥有如此过剩的"强势欲"，竟然会促使他们出手扼杀（尽管有可能是下意识地这样做）下属的强大基因呢？

答案很简单，两个字而已：恐惧。没错，正是因为恐惧、因为缺乏绝对的自信，所以团队领导才会对下属的强大讳莫如深，产生极强的防范与排斥心理。

许多人也许会感到不解：团队领导能够获得今天的地位，一定是因为自身足够好、足够强大。对于这一点他们应该有绝对的自信啊，为什么反而会感到恐惧呢？

这是一个有意思的话题。没错，一般来说，除了那些靠走后门发迹的人，团队里的大人物们没有几个不是自信爆棚的主儿。别说那些身经百战的人精，即便是那些真正的孬种怂包也会自我感觉良好，自以为孤独求败、天下无敌——这样的人物，相信每个职场中人都见识过不少。可即便如此，他们当中却没有几个人能够拥有天然的安全感，真正做到高枕无忧。恰恰相反，他们中的大多数人恐怕都有神经衰弱、做噩梦或失眠的毛病，个个都患有被害妄想症，天天幻想着有人会夺他们的位、抢他们的钱，惶惶不可终日，不但把自己折磨个半死，也把下属折腾得不轻。

想想看，在这样的团队领导手下做事，有几个做下属的能强大起来甚至敢强大起来？

所以说，"外强中干"是这些团队领导的死穴。在他们强悍的外表下，往往隐藏着一颗比玻璃还要敏感、还要脆弱的心。尤为要命的是，在他们的内心深处其实是明白这一点的，正因如此，他们才要拼命地赶走或掩饰这种脆弱与恐惧，而具体的表现形式就是加倍的强悍、加倍的遏制和加倍的绞杀。说白了，这玩意儿和"在单位受了欺负，回家拿老婆孩子出气"是一个道理，是弱者通过向更弱者施暴来发泄和平衡内心虚弱的一种常见的表现方式。

那么，真正的强势者又应该具备什么样的特质呢？

简单，真正的强势者一定是内心强大的人。而这种强大的内心不一定来自能力，而更多地来自胸怀。对于一个团队的领袖级人物而言，真正的强大往往不在于自己比别人强，而在于能够轻松接受别人比自己强，甚至能够努力造就别人强过自己。也就是说，真正的强大不在于能力，而在于接受、包容和成就。

常言道"青出于蓝而胜于蓝"，就像一个父亲成就自己的儿子、一个师傅成就自己的徒弟一样，没有哪个父亲和师傅会因为自己的儿子或徒弟取得的成就超越了自己而感到懊丧与不安。同理，也没有哪个人会认为这样的父亲和师傅不够强大，或至少不如他们的儿子和徒弟强大。如果有人硬要这么认为，那么第一个不答应的一定会是那个儿子和那个徒弟。

我经常说，"企业文化是老板文化""团队文化是领导文化"。对于团队领导而言，团队就是他的孩子，作为团队成员之师，抱持"青出于蓝而胜于蓝"的理念是一个起码常识。只要每一个团队领导都能做到这一点，那么领导的强与下属的强必然会呈现出一种彼此相生的良性关系，"将强强一窝"也必将成为团队内部的一道风景。尤为重要的是，在这样的团队里，甭管团队成员牛到什么程度、强大到什么程度，大家依然会把领导奉为那个最牛最强大的人，而这一共识足以给领导者提供最坚不可摧的地位和最强大的自信。

众所周知，在三国的故事里，除了威震天下的五虎将（关羽、张飞、赵云、马超、黄忠）之外，"得其一即可安天下"的卧龙（诸葛亮）、凤雏（庞统）也居然悉数归了刘备。正因如此，曹操才会对关羽无所不用其极地释放善意，天天锦衣玉食好生款待；也才会在惊心动魄的长坂坡之战中主动放赵云一马，任由其"七进七出"自己的营地如入无人之境。他这样做，无非是希望能从刘备身边挖墙脚，得到几个盖世奇才。可无论他怎么努力，这些人还是义无反顾地回到刘备身边，令曹操伤神不已。他曾不止一次地感叹：刘备充其量就是一个卖草鞋的主儿，为何能降服如此多的天才？而自己乃盖世英雄，天生的帝王相，为何这些人才却对自己不屑一顾？

其实，道理很简单：除却刘备仁义、曹操残暴之外，刘备是一个典型的弱势领导，而曹操则是一个不折不扣的强势领导这一点，也起了很大的作用。明摆着，在刘备身边，这些人能轻而易举地当上真正的英雄，而在曹操那里，他们充其量只能成为主子手里的一颗棋子罢了。两相比较，孰优孰劣一目了然。尤为重要的是，刘备看似"弱"，其实却是无比的"强"，因为刘阵营的天才们对主子表现出无比的忠诚，甚至是愚忠；而曹操看似"强"，其实却是无比的"弱"，以至于连死都死不痛快，还得自己给自己准备一大堆疑冢，省得死后让自己人掘棺鞭尸、挫骨扬灰。

看到这里，想必我们的团队领导一定会有所感悟。

没错，弱势的人是不适合当领导的。起码他的影响力、号召力和承受力就无法覆盖一个领导者应有的责任与义务。所以一个领导者必须超级强势、拥有极为强悍的神经才有可能经得起风雨，在现实而残酷的大环境中带领他的团队攻城略地、开疆拓土，从一个高峰迈向另一个高峰。

不过，也许正因如此，强势往往会成为一种惯性或一针麻醉剂，使其跳脱人的驾驭能力，反过头来驾驭人。而这种现象会大幅增加团队领导的领导成本、降低他们的领导效率，使团队领导本身成为团队发展中的一个最大的不确定性因素。

所以，强势没关系，但强势不一定是一以贯之的，偶尔的弱势有时也许会起到画龙点睛的妙用；甚至强势也不一定是外在的，外柔内刚的人常常是领导者中真正的极品。更重要的是，强势是一种精神内涵，必须货真价实，而不能是一种表演形式，只为获取表面的快感而存在；更加不能是一块面具或遮羞布，仅仅用来遮蔽强势外表下隐藏着的那颗脆弱的心。

这就是我为什么会说，也许"弱势的强势领导者"才是一种真正值得追求的领导力境界的原因。

☆ 小 结

对领导者来说，真正的强大不在于能力，而在于接受、包容和成就。

/// 壁垒 ///

"太聪明"的领导者往往会成为团队负资产

> 当一个人的做事过程总是被人为地干扰或者彻底切断，从而
> 呈现出一种碎片化状态的时候，他的成长机会便会被剥夺，成长
> 质量也会显著降低。

大家也许都听过"揣着明白装糊涂"这句话，但是这句话在管理学方面的意义恐怕却鲜少有人琢磨过。事实上，"揣着明白装糊涂"，亦即"装傻"是一个领导者必备的素质，没有这点本事根本没资格做领导。

为什么这么说呢？

道理很简单。对于团队而言，太聪明的领导往往是一笔不折不扣的负资产——这样的领导或者会吓坏他们的团队成员，让后者的活力、创造力与生产力被严重压制、削弱乃至剥夺，极难获得真正的成长与出头的机会；或者会惯坏他们的团队成员，让后者产生严重的依赖心理，养成不思进取、逃避责任、得过且过的坏毛病，而这样的结果从本质上来说也等于对团队成员无比宝贵的成长机会的一种无情掠夺。

总之，无论是"吓坏"还是"惯坏"，团队领导和团队成员谁都讨不到半点便宜，两者之间永远都是"双输"关系，到头来真正倒霉的还是整个团队的利益。

所以说，太聪明的领导反而是真正的傻子：他们往往自我感觉良好，一厢情愿地认为自己是画龙点睛的那道神来之笔，却没料到自己恰恰有可能是坏了一锅汤的那粒老鼠屎。

那么，团队领导的"过分聪明"，都有哪些具体的表现形式呢？

粗略总结一下，这里面有三个关键词：越俎代庖、临门一脚、收拾残局。

我之所以选用这样三个关键词作为问题分析的切入点，是基于如下考虑：一般来说，人的成长来源于"做事"，而做事过程是否完整、是否高效决定了成长机会的数量和质量。很显然，当一个人越能完整而高效地做事时，他的成长机会便会越多、成长质量也会越高；反之，当一个人的做事过程总是被人为地干扰或者彻底切断，从而呈现出一种碎片化状态的时候，他的成长机会便会被剥夺，成长质量也会显著降低。

基于这样的逻辑，我们来一一分析一下上述三个关键词。

越俎代庖——剥夺下属做事的整个权力。

临门一脚——剥夺下属收官的权力。

收拾残局——剥夺下属处理遗留问题的权力。

这三种情况程度虽然不一样，其本质却完全相同，亦即做领导的人太聪明，总是本能地出手干涉下属做事，让下属无法高效、快速地成长，甚至根本没有成长的机会。

下面主要讲讲第一条：越俎代庖。

所谓"越俎代庖"，意味着对团队成员做事过程的全面剥夺，因而也是聪明过头的团队领导最恶劣的一种表现形式。

也许是出于一种炫技心理，也许仅仅是因为缺乏足够的耐心，许多团队领导都患上了一种叫作"恨人蠢"的毛病。他们往往代入感过强，总是喜欢将团队成员和自己做角色替换，把自己作为团队成员做事过程中唯一的参照物，总是会不由自主地想象一个场面：如果是自己，在同一个做事过程中将会有什么样的表现，而这样的表现将会让同一件事情发生什么样的结果。显然，这种想象的结局绝无可能是令人满意的完美，换言之，与自己亲自做某件事相比，下属做事的过程与结果会非常差劲，令人不满；他们会被这一过程和结果的糟糕程度所深深震惊，从而激起一种迫不及待的、极其强烈的"取而代之"的冲动。

"等你做，黄花菜都凉了！还是我自己来吧！"这句来自团队领导的口头禅相信许多职场中人都不陌生。而这种"黄花菜逻辑"就是典型的恨人蠢心理的表现。表面上看，"黄花菜逻辑"似乎确实在一定程度上提高了团队的做事效率，但是好好想一想，其弊端也不容小觑："老将出马，一个顶俩"是不假，可老将也是人，浑身是铁也打不了几颗钉。对于一个团队而言，如果出马的总是那一两员老将，那么恐怕凉掉的黄花菜只能更多，而不会更少。

还不只如此，"恨人蠢"的心理和行为往往具有极强的暗示性，很容易在团队成员中造成一种恶性心理循环——想象一下，如果你的领导总是对你或明说或暗示"你不行"的话，你会怎么想自己？会认为自己"行"吗？估计你不会给出肯定的回答。

这真是一个天大的讽刺。每一个团队领导都会这样教育自己的团队成员："每天上午从床上爬起来，一定要先给自己打打气，冲着镜子大喝三声'我能行！'，然后再来上班！"；可另一方面，好不容易给自己打好气，兴冲冲迈进公司大门的团队成员，却往往会遭到上司劈头盖脸的"你不行！"的训斥，瞬间被打回原形，变成一个软塌塌的蔫茄子。

真不知这些团队领导葫芦里卖的是什么药：到底是想给自己的团队成员打

气，还是憋着劲儿地给他们泄气？

也许有人会认为我这么说太过绝对。

我承认，现如今有许多团队领导都信不过自己的团队成员，对他们做了大量负面的心理暗示。但这种心理暗示也有可能反过来激励团队成员奋发图强，用加倍的努力证明自己的实力。说句不客气的话，如今这年头有几个团队领导能给自己的团队成员好脸子看的？难不成领导不给好脸色看自己还就不求上进了？

坦白说，这话的意思我懂，基本上这是一种"逆境造就人"的逻辑。我并不想质疑这一逻辑的正确性，只是想指出一个小小的区别：我认为，一般来说，能够造就人的逆境主要来自外部，而不是内部。因为绝大多数来自内部的逆境与其说能够"造就"人，不如说更容易"毁灭"人；与此同时，对于同样的来自内部的逆境而言，来自上司或前辈的逆境要远比来自同事或同辈的逆境更具毁灭性。

举个例子：假设你是个学生，如果同学的母亲说你"真没用"，估计会激怒你，但是不大会真正伤害到你。你或者会强压怒火，逼迫自己一笑置之；或者奋起反击，用不懈的努力和强大的实力证明那位母亲是错的，给自己讨回一个公道。但是，如果是你自己的亲生母亲说你"真没用"，尤其是当她反复明说或暗示这句话的时候，情况恐怕就会大不相同了：这一次，你会被深深地伤害，而且重点是，十有八九你会认同这种伤害，被动地承认自己天生就是一废物，这辈子不可能有什么大出息。这样的心理暗示会让你彻底消沉、自暴自弃，并很难再有重新崛起的机会。

这就是来自家人的否定和来自外人的否定的区别。

同样的道理，如果给予你否定评价的不是你同学的母亲而是你的同学本人；抑或不是你的母亲而是你的兄弟，那么你的怒火与反击，抑或你所受到的伤害及其后果都将不可同日而语，完全不在一个数量级上。（此处只说大概率、一般性的事件，任何事物都会有反例和特例。）

为什么会这样呢？

因为"逆境造就人"的逻辑有一个大前提，那就是无论遇到多大的逆境，人们始终都需要一个既坚强又温暖的精神依托做后盾，有了这样的依托，人们才能激起奋起反击的动机，并获得绵绵不绝的动力。这就好像打仗，士兵们为什么冲上战场后敢于如此玩儿命？一个重要原因是因为后勤保障的靠谱：他们不用害怕没有粮饷，不用担心子弹打光。反之，如果后勤不靠谱、补给跟不上，任何一支部队都会士气大跌，沦为一盘散沙。

"逆境造就人"也一样。逆境为什么可以"造就"人？就是因为人们有一个靠谱的"心灵根据地"：来自自己人的强力加持。无论外人怎么冷言冷语、如何看不起自己，只要自家人相信自己、鼓励自己，人们就会激起无限的热情和动力。反之，如果所有这些冷言冷语，所有这些"看不起"都来自自家人，人们就会顿失依靠、无所适从，从而遭遇毁灭性的心理打击，想不自暴自弃都难。

来自团队领导的否定性评价，尤其是那种轻易为一个人"定性"的评价，之所以会对团队成员造成如此巨大的负面影响，就是因为这个道理。

当然，个例永远会有。我们这个世界上确实存在着这样一种人，他们曾经经历过无数残酷的、来自自己人的逆境甚至是残酷打击，并通过巨大的努力承受住这些逆境和打击，持续不断地向命运发起顽强的挑战，最终成功地成就了自己、证明了自己。不能否认这些个例的存在。但是，这样的人常常会有一个鲜明特点，那就是冷漠，极度的冷漠。他们往往欠缺同情心、拥有极强的报复心理，常常会抱持一种具有毁灭性的心态，做出一些具有毁灭性的行为。所以，归根结底，他们是一群心理变态的人，是一群冷酷无情的人。这样的"成功者"越多，我们这个社会就越危险。同样的道理，一个团队里这样的"人才"越多，这个团队便会越畸形。因此，以这样的案例为荣，替某种负面的"逆境造就人"的逻辑开脱，实在是南辕北辙的愚蠢行为。

说起"恨人蠢"这个事儿，我的心里可谓五味杂陈，有一种说不出的滋味。

无论是"被人恨蠢"还是"恨人蠢"，我都亲身经历过，有着刻骨铭心的记忆。

早在二十多年前，我就遇到过一位这样的老板。

这位老板对下属员工的不信任几乎达到一种登峰造极的地步，无论下属做任何事情，他都极少给予正面评价："无情贬低"在他的心中是"严格要求"；"吹毛求疵"在他的眼里是"精益求精"；"士气低落"在他看来是"没有出息"；"离职跳槽"对他而言是"大浪淘沙"……

由于那个时候的我刚刚步出大学校门，心中颇有一些自负，所以更为这位思想极端的老板所不容，事事处处受尽他的刁难。最开始，他以"为你好"为名，反复提醒我（或者，也许用"警告"一词来形容更为贴切一些）学历与能力无关、更与社会经验无关，让我"忘掉学历、放低身段、夹着尾巴做人"。坦白说，这一点我能认同。因为在走出校园之前已经有无数前辈和长辈语重心长地给予过我相同的警告——尽管自己什么都没做，但是当所有人尤其是那些"过来人"以"推定有罪"的口吻对你说"你一定会做！"的时候，你会莫名其妙地接受这种莫须有的罪名指控，愿意相信自己也许"真的会做"——甭管怎么说，至少从表面上看，这些警告确实有"为自己好"的可能，既然如此，那么就不妨对其予以正面理解，以虚心接受的姿态面对它。但是很快，我便发现自己错了。老板给予我的"好意"似乎远不止善意的警告那么简单，而是愈发变本加厉、无所不用其极。我的每一个成就在他眼里都是不值一提的"偶然"，而我的每一个微小过失在他看来都是命中注定的"必然"。很显然，他在用这样的方式证明自己的"学历无用论"是正确的，试图通过这样的做法打击我的"嚣张气焰"——一种事实上完全不存在的，由他自己凭空想象出来的"气焰"。

我终于明白了一件事情：当一个人秉持着某种顽固的观点，就是看你不顺眼的时候，在他的心目中，你其实已经被判了死刑。再怎么理解都没用，再怎么表现都白搭。唯一让我费解的是，不知道他为何会对我抱有如此顽固的成见，以致以堂堂老板之尊，与我这个小小书生过不去。到后来，他对我的刁难进一步升级，到了几乎没有一件事可以入他的法眼，能够让我踏踏实实、完完整整地做下来的程度：我的每一个举动在他眼里似乎都蠢不可及，每一句言论在他看来都荒谬可笑。他甚至私下里半开玩笑地对我说过这样的话：真不知你是怎么活到今天，念完大学的。就你这种情况，要是离开我的公司一准儿找不着饭碗，肯定会沦落街头当乞丐！

也许他在开玩笑，可对于我而言，这些话绝不仅仅是一个玩笑。

尽管对人生中的第一份工作万分珍惜，可我还是被迫离开了那家公司和那位老板。

数年后我才知晓了一个并不令人意外的事实——原来，那位老板出身贫寒，没有上过什么学，完全靠自身的奋斗白手起家。尽管发达之后意识到高素质人才的重要性，而且自己也花钱买了一个相当亮眼的学历，可是毕竟心里还是有一些自卑感，对知识分子有一种天然的嫉妒和抵触情绪。不只是我，除了极个别的幸运儿，许多高学历员工都在他那里吃尽苦头，只不过这位老板极善于表演，天天以"爱才"者自居，迷惑了许多人罢了。

坦白说，这位老板的心理和行为不是不可以理解。只不过有一点还是令我十分感慨：一个除了知识几乎已经拥有全世界的人，居然会对一个除了知识几乎一无所有的人产生如此强烈的敌对心理，真是一个无与伦比的讽刺！不知该为腰缠万贯的老板对于知识的偏执认知喊个"赞"，还是该为满腹诗书却被扫地出门的自己叹句"哀"。

可甭管怎么说，恶劣影响已经造成了。人生第一次职场经历的挫折，极大地挫伤了我的锐气，打击了我的自信心。自那之后，我成了一个"吃嘛嘛不香，玩嘛嘛不成"的人，对自己的能力和潜力产生严重的怀疑。

克服这一心理障碍，整整用掉我十三年的时间。一直到从日本留学归来，我才彻底完成这一疗伤过程，重新恢复了二十岁时的"书生意气"。但是，不知不觉中一个意想不到的变化在我身上发生了。不知从何时开始，我自己也染上了"恨人蠢综合征"，而且重点在于，我的病情也相当严重。

我发现，职场中的自己变成一个"眼里不揉沙子"的主儿，下属干什么事情自己都看不顺眼，总是迫不及待地出手、抢夺他们的做事权。事情办漂亮了，功劳是自己的；事情搞砸了，过失是下属的。

尤为要命的是，这是一个不自觉的过程，对于自己思维与行为方式中存在的严重问题，自己浑然不知；或者更准确地说，即便自己能够认知到，也会以"为下属好，为公司好"等俗不可耐的借口为自己开脱，在潜意识里正当化、甚至美化自己的行为，久而久之，自己都会对这些虚伪的借口信以为真，甚至被其感动到一塌糊涂。

真正让我猛醒的，是下属员工和老板的反应。

我发现，我的团队成员变得越来越消极、越来越懒惰、越来越麻木不仁。如果说从前的他们还勉强够得上"抽一鞭子走一步的耕牛"水准，那么后来的他们则整个儿成了"抽十鞭子也走不了一步的残疾牛"；如果说从前的他们还仅仅是"休管他人瓦上霜"的自私鬼，那么后来的他们则整个儿成了甚至连"各扫自家门前雪"都极难做到的纯混子。还不只如此，更为要命的是，我自以为"敬业"的表现似乎并没有得到老板的首肯，恰恰相反，"有苦劳没功劳"几乎成了老板对我的固有评价，隔三岔五的敲打简直令我疲于应付、不胜烦恼。

再三的挫折让我终于想通一件事：在任何一个团队里，领导多勤快、多出彩永远不重要，真正重要的永远是团队成员是否勤快、是否出彩。参不透这一点，是绝大多数团队领导之所以会经常性地堕入"有苦劳无功劳"怪圈的重要原因。如此浅显的道理，说出来似乎每个人都懂，可一到了事儿上保准儿绝大多数人都会抓瞎，根本就无法控制强大的炫技欲望和恨人蠢心理。

还有一点很重要，后来我仔细分析过整件事情的来龙去脉，并得出如下结论：我之所以会干下这种虽然"己所不欲"，也要"硬施于人"的事情，也许是出于某种报复心理——既然自己曾经受过伤，便一定要拉上一个或一堆垫背的，将自己的伤痛施加到他们身上，通过这样的行为来为自己谋取某种心理上和生理上的平衡，甚至是快感。

没错，这样做很龌龊，却也很真实。所以问题的关键不在于龌龊的结果，而在于龌龊的根源——如果不是当初深受"恨人蠢"之害，也不会用"恨人蠢"去害人。所以，只有彻底治好"恨人蠢综合征"，才能从根源上斩断这一恶性心理循环。

☆ 小结

一般来说，能够造就人的逆境主要来自外部，而不是内部。因为绝大多数来自内部的逆境与其说能够"造就"人，不如说更容易"毁灭"人。

/// 关键点 ///

成长总是会有成本的，要感于承担

能力、责任心与魄力，是一个职业经理人必备的基本素质，

而最容易获得这几样素质的渠道就是做事过程的收官阶段。

有人可能会说：你的意思我明白了。你不就是想说领导者不能恨人蠢，要学会装傻，尽可能地放权，让下属员工多做事吗？那可不可以这样，我把一些不太重要的做事环节托付给下属，剩下的真正关键的环节自己做？

表面上看，这种想法似乎不错：一来给了下属做事和锻炼的机会，二来避免团队利益受到较大损失，可谓"两全其美"。殊不知，如果这种想法真的落了地，对下属员工的成长所带来的潜在危害非但不会减少，反而会更多；非但不会减小，反而会更大。

理由很简单：越是事物的关键环节，便越是锻炼人的好机会、好场所。剥夺员工在关键环节上锻炼自我的机会，将成倍地延缓他们成长的速度，成倍地降低他们成长的质量，完全是得不偿失之举。

所以，既然你已经接受了"装傻"和"放手"，就要让自己"傻"到点子上，

否则就是真傻。

那么，到底哪些环节是事物的关键环节，需要让我们的下属员工多多尝试，多多锻炼呢？

主要有两个：一个是"临门一脚"，一个是"收拾残局"。

先来说说"临门一脚"。

顾名思义，"临门一脚"涉及的是做事过程的最后一个阶段，也是最重要的所谓"收官"阶段。无论你在前面的过程历经多少曲折、付出多大努力，只要这最后的一脚踢臭了，所有的一切努力都会顷刻间归零，让你白忙活一场。

所以，即便对许多开明的团队领导而言，别的事情都可以放手，唯独这"临门一脚"的关键动作一定要自己来。

坦白说，能做到这点已算不易。至少和那些"越俎代庖"、彻底垄断做事的全部过程，完全不给下属做事机会的主儿相比，这样的团队领导已经进了一大步，能够将绝大部分事权交给下属，只是保留了一小部分关键事权而已。不过，即使这样，从大局着眼，这一小部分关键事权也还是尽量下放为好。

为什么这么说呢？让我们来具体分析一下。

至少从表面上来看，团队领导希望垄断"临门一脚"权的心理似乎也无可厚非。因为在他们眼里，结果远比过程重要，尤其是当这个过程耗费了不菲的团队资源的时候，拿不出预期的结果对于他们而言无异于一场管理灾难，而这样的成本是他们断然无法承受的。但是，即便如此，对于团队的整体利益而言，团队领导垄断"临门一脚"权的行为也是弊多利少。道理很简单，正因为"临门一脚"在整个做事过程中如此重要，所以搞定这一环节需要两项最重要的职业素养打底，这就是"技巧"与"担当"。前者需要能力，后者需要责任心和魄力。显然，无论是能力还是责任心与魄力，都是一个职业经理人必备的基本素质，而最容易获得这几样素质的渠道就是做事过程的收官阶段，也就是这个

"临门一脚"的动作。这就意味着，如果你想让自己的团队成员尽快成长、独当一面，就一定要敢于并善于让他们触碰"临门一脚"这个关键环节。如果不这样做，你就等于亲手剥夺了他们至可宝贵的成长机会、人为地助长了他们的平庸。到头来不但会活活累死自己，还会连累别人乃至整个团队，可谓害人害己、得不偿失。

这就好有一比，我们知道，人类最大的渴望和最极端的奢侈之一就是获取更多的营养、最大限度地确保身体的健康，可如此渴望营养与健康的人类却偏偏要想方设法地将谷物身上最富营养的谷皮剥下扔掉，只把那些营养价值已然大打折扣的谷仁装进肚里。

这是一个极富讽刺意味的悖论和怪圈，而我们中的绝大多数人却往往会不由自主地深陷其中无法自拔。而且更为可悲的一点在于，即便我们知道事情的真相，也常常无法说服自己摆脱相关的思维与行为。

团队领导对于"临门一脚"的垄断也是如此：一方面，他们希望自己的团队成员快快成长，早一些为自己分忧解难；可另一方面，最有利于团队成员迅速成长的灵丹妙药又被他们装进自己的口袋并紧紧捂住，打死也不愿拿出一粒来与自己的团队成员分享。

人类心理与行为之矛盾，实在是令人叹为观止。

当然，把"临门一脚"的机会赋予下属是要冒风险的——事情好不容易走到最后关头，万一搞砸了怎么办？

答案也很简单：搞砸就搞砸！

搞砸一件事，培养一个人，孰得孰失？

天下没有免费的午餐。有些学费必须交，也值得交。

从某种意义上讲，包容失败，甚至鼓励失败，反而是育人的一条捷径。对失败的宽容从来都是成功的最大诱因；反之，对失败的决绝也从来都是成功的最大障碍。古今中外，莫不如是。

一般来说，"临门一脚"的垄断行为主要发生在销售，尤其是耐用消费品或奢侈品销售行业。

举个例子。

长期以来，在一些价格较为昂贵的耐用品销售行业中，存在着这样一个现象，那就是终端销售人员往往只需负责商务谈判的前半程便可，而后半程尤其是最关键的"临门一脚"环节则交由销售经理负责。不夸张地说，在这些行业里，除了极个别从业经历比经理还牛的资深销售人员之外，如果哪一天听到了"某某某（销售人员）凭自己的力量彻底搞定了一个客户"的消息，那绝对会成为一个"大新闻（如果不是弄虚作假的大丑闻的话）"。

如果你逛过这类店面，肯定对这样的场面不会感到陌生：销售经理和客户坐在沙发里唇枪舌剑，为了价格、赠品之类的话题争得脸红脖子粗，不停地说着车轱辘话，而一旁的销售人员则百无聊赖地站着，几乎完全没有插嘴的空间和时间。进也不是，退也不是；留也不是，走也不是。那份煎熬的样子实在是令人同情。终于等到谈判结束，如果是一个好结果，销售经理会得意扬扬地对自己的下属说"怎么样？姜还是老的辣吧？嘁，我多少年了？这点事儿还能难倒我"；如果是一个坏结果，下属会听到自己的上司这样说"这哥们儿太难缠，我都搞不定，你更没戏"！

可以想象，在这样的领导麾下效命，下属如何能有长大成人、独当一面的机会？

还不只如此，销售行业中的"临门一脚垄断"是非常危险的事情。每一个人都知道，销售行业中的"临门一脚"之所以重要，是因为这个阶段涉及了销售行为的核心议题：成交条件。这是一个大家互亮底牌的阶段，搞定这个阶段，整个销售过程中的所有努力都可以圆满地开花结果，反之则一切都会顷刻间重归于零。

正因如此，许多人才会认为将这个过程交给更为老辣的团队领导处理更为靠谱；而我却有完全相反的认知，我认为，正是因为"临门一脚"环节涉及至关重要的成交条件要素，所以才应该全权委托给团队成员处理，做领导的人最好不要直接出面，而是躲在幕后掌控这一过程。

之所以这样说，原因很简单：如果"临门一脚"总是由团队领导包办，就会向客户发出一个错误信息，即"与我（客户）谈判的人掌握的成交条件是不完整、不靠谱的，和他谈纯粹是浪费时间"。这样的心理活动会带来一种"越顶效应"——客户会干脆绕过你的属下，直接将谈判的矛头对准你。也许你会对客户说：先和一线员工谈判是我们公司的工作程序，我们只是例行公事而已。但我要告诉你，这些程序对客户来讲一毛钱都不值，那是你们自己的事，和客户无关。客户关心的重点与你一样，永远是结果而不是过程，也就是说，他们只关心最后的成交条件，关心自己钱包里的票子，而不会在意你们公司到底存在着哪些不着调的所谓"内部程序"。更糟糕的是，只要让客户抓住你们的把柄，弄清楚了"谁才是那个说话真正算数的主儿"，他们便会一鼓作气、直捣黄龙，将你们的谈判回旋余地挤压殆尽，绝不会留半点情面。那时你才会尴尬地发现：其实身经百战的"领导"们在客户凌厉的攻势下并不一定比自己的下属更好受、更潇洒；事实很有可能完全相反，他们的处境也许会比下属更煎熬、更难堪。

之所以会这样，是因为在激烈的博弈中，提早泄露筹码是一件要命的事，它会导致谁的手里掌握的筹码越多，谁的立场就越被动、越狼狈。

不只如此，"关键时刻的责任由领导来扛"这一潜规则还有可能惯坏你的团队成员，让后者养成缺乏责任心、不求上进的坏习惯，自己放弃历练与成长的欲望。迟早有一天，你会懊恼地发现，你的勇于担当不但不会换来下属的知恩图报，相反还会招致对方的恩将仇报。你的下属会对你产生严重依赖，只不过遗憾的是，这种依赖并不是把你当靠山，而是把你当垃圾桶：无论他们能做的事，还是不能做的事，只要有一线可能，他们都会毫不犹豫地统统推给你。只有一件东西例外，那就是钱。而这些钱几乎是你用一己之力为他们赚取的，付出劳力和智力的是你，他们需要做的只是走个过场而已。

也许你会说："关键时刻的责任由领导来负"这句话没有错。领导是干什么用的，不就是用来负责的吗？领导就像一棵大树，罩着底下的团队成员。正是因为有了这棵树，团队成员才会有安全感，才能义无反顾地为团队打拼。试问，如果一个领导连做一棵顶天立地的大树的自觉心与责任感都没有，团队要他何用？这样的领导又如何能够服众呢？

我明白你的意思，也能认同你的观点，可是这里面有一个"程度"和"频度"的问题。举个例子，如果你是一位家长，那么当你的孩子失足掉进沟里的时候，毫无疑问你会伸出援手拉他上来。但是如果你的孩子只是原地摔了一个大马趴，那么让他自己爬起来对他的成长才会更为有利。同样的道理，如果你的孩子失足掉进沟里这件事只是一个小概率事件，一年也发生不了一次，那么毫无疑问伸出援手拉他上来是一个正确的选择；不过，如果这是一个大概率事件，几乎每隔几天就会发生一次，那么除非会有非常大的危险，否则还是尽量让他自己想方设法从沟里爬出来才是真正的上策。

总之，"程度"的问题很好理解，重点在于"频度"。

一个容易被大多数人所忽视的心理学现象是：即便一些至关重要的事物，如果过于频繁地发生，也会让人产生麻木和轻慢心理，从而失去其特有的敏感性和严肃性。因此，为了确保这些事物的敏感与严肃，必须竭尽全力降低其发生的频率，而"不施援手"则是做到这一点的捷径。

就拿上面的例子来说，如果孩子失足落沟的事情频繁发生，甭管有多少个理由存在，"只要掉下去大人必然会来救"这一心理暗示一定会起到不小的作用。诚然，这样的心理暗示为小孩子提供了巨大的安全感和舒适感，从本质上来说并不是什么坏事，但是如果过了头则会适得其反，会使他们对"失足落沟"这一重大事件缺乏足够的敏感度和警惕性，从而导致更多问题的发生。因此，在必要的时候狠下一条心，拒绝伸出援手，增加他们的痛感，唤回他们的敏感与警惕也许才是真正为他们好的举动。

同样的道理，充当团队成员的参天大树，为他们提供强大的安全感和舒适的做事环境固然是领导不可推卸的责任，但是如果安全、舒适过了头也会适得其反，会令团队成员对本来十分重要而严肃的事物失去必要的敏感度和敬畏感，从而导致某些不该发生的重大失误再三发生的严重后果。

所以，没有责任心的领导是渎职，责任心过剩的领导则是废物。凡事都有一个分寸，切不可矫枉过正。

由此，结论一目了然：如果团队领导总是自告奋勇地充当最后射门的那个前锋球员，那么很有可能今后的比赛都将由领导一个人包办，而其他球员只能坐到候补席上当纯粹的看客。到头来不但下属会沦落成吃空饷的鸡肋，团队利益方面也讨不到半点便宜。

那位说了：你说的确实有些道理，但是这些道理在实践中根本就行不通。你想，既然是领导，手里的权力自然要比一般的人大得多。这是一个小孩子都懂的道理，客户能不明白吗？所以说，我也想让自己的下属独当一面，凭一己之力搞定整个谈判过程，可问题是我的官衔在那儿摆着呢，客户主动摽上我谈，我又如何能摆脱得了呢？

没错，这个担忧很靠谱，许多团队领导都有相似的苦恼。不过，不是我忽悠你，解决这个问题的方法其实特别简单，简直可以说一点就透。在这里姑且卖个关子，把谜底留给后面的文字。

说完了"临门一脚"，再来说说"收拾残局"。

所谓"收拾残局"，顾名思义就是整个做事过程完结之后，在结果不尽如人意的情况下需要进行的补救操作。一般情况下，这一环节的操作权也会被团队领导个人牢牢掌控，很难下放给底下的团队成员。

公平地说，能够做到这一点的团队领导，其开明程度已然相当了得。在这样的团队里，一线成员已经能够独立完成完整的做事过程，只不过在捅了娄子的情况下需要领导帮忙"擦下屁股"而已。

但是，即便是这个"擦屁股"环节，对于团队成员的成长而言也十分重要，万万轻视不得。从某种意义上讲，"收拾残局"要比"临门一脚"更具教育价值，能为团队成员的成长提供更为直接、更为丰沛的营养。剥夺团队成员"收拾残局"的权利，与剥夺他们的成长权利无异。

为什么这么说呢？因为收拾残局往往具有更多的挑战性和不确定性。尽管残局是做事过程的延伸，在某种程度上继承了做事过程中的某些逻辑和线索，但另一方面，毕竟它已经彻底脱离了做事过程，具有许多独特的性质和脉络。因此，收拾残局往往是一件既令人头痛又十分刺激的事情。这是一个强度与烈度极高的操作过程，任何能经得起这一过程敲打的人，都会在短时间内获得极大的锻炼，实现跨越式的成长。

举个例子，在较为昂贵的耐用品销售行业中，最难应付的事情就是来自客户的投诉。一来客户投诉尤其是那些具有无理取闹性质或暴力倾向的客户投诉会严重干扰公司的正常营业活动，极大地挫伤员工的士气；二来客户投诉的频发也会显著降低客户满意度，影响公司的综合盈利水平。总之，客户投诉就像一片沉重的乌云，常年压在所有人的心头，令人谈虎色变，唯恐避之不及。

显然，这又是一个团队领导出人头地的好机会。

一般来说，越难缠的投诉，团队领导就越会将其处理权据为己有。在许多公司里，领导几乎成了下属员工的"擦屁股专员"，整天被后者捅的各种娄子搞得焦头烂额、疲于奔命。可即便如此，他们又似乎对这个大家公认的苦差事情有独钟，宁愿在各种煎熬中痛并快乐着，也不愿将这个沉重的包袱甩给真正应该为此负责的肇事者——那些一线员工。

结果无疑是悲剧性的。团队领导会沮丧地发现，无论他们如何努力，前面永远会有更多的烂摊子等着他们。也就是说，他们的努力并不会得到团队成员的丝毫同情，相反却会为后者的不求上进提供一个绝好的平台和强大的保护伞，使其能够撒了欢儿地闯祸、铆着劲儿地制造事端。对于这些一心想"息事宁人"的团队领导而言，这种结果无疑是一个天大的讽刺。

有人也许会感到不解：这些团队领导是不是有病啊？为什么非要上赶着干这种费力不讨好的事呢？

这确实是个有趣的心理学现象。对"收拾烂摊子"和"擦屁股"之类的糟心事，许多团队领导之所以可以表现得如此义不容辞乃至甘之若饴，肯定不仅仅是出于强烈的责任心，这里面一定还有某种微妙的虚荣心，说白了就是"老大心理"在起作用——"危难之处显身手"才是大哥的风范。关键时刻罩不住兄弟，怎么做老大？

公平地说，这种"老大心理"并无不妥。让团队成员对自己心悦诚服、为自己两肋插刀本来就应该是做领导的人最起码的素质；只不过，"老大心理"再可贵，也一定要有个分寸，切忌过犹不及，否则将会惯坏你的团队成员，让他们对"烂摊子"这一严肃事物失去必要的敏感和敬畏，从而容易诱发更多的"烂摊子"，给整个团队利益带来灾难性的结果。

所以，只要不是那种"生死一线间"的大娄子，"自己闯的祸由自己摆平"必须成为一个团队内部的铁则和不容逾越的底线，这不仅是锻炼团队成员的需要，更是整个团队利益的需要。

那位说了：我能接受你的观点。我也认为"自己闯的祸自己擦屁股"的做法比较有利于问题的解决和一线团队成员的成长。可现在的情况是客户不给你这个机会。你也知道，现如今时代变了，从前的"店大欺客"已然变成今天的"客大欺店"。现在的那些顾客有几个是省油的灯？哪一个不是动辄便高声叫嚷："叫你们领导出来！"我根本就没有躲到幕后的机会，只能硬着头皮迎上去。

没错，这个质疑很靠谱，相信许多人对这一质疑都会深有同感。不过，问题的答案也许异常简单，谜底我们稍后揭晓。

☆ 小 结

没有责任心的领导是渎职，责任心过剩的领导则是废物。

/// 策略 ///

有一种大智慧叫放手

在一个相对封闭的空间里，聪明与傻往往是一种零和关系：

某些人聪明，剩下的人就会变傻；反之亦然。

通过前面的章节，我们已经知道，无论是"越俎代庖"，还是"临门一脚"，抑或是"收拾残局"，唯一正确的做法是把事权交给基层团队成员，想方设法让他们自己去面对问题、解决问题，而做领导的人要尽量躲在幕后，尽可能少施援手，唯有如此才是真正的治本之道。

但正如我们在前面所说，"放手"不是一件容易的事。无论是自己的心魔，还是外部的压力，都会迫使你无法放手，在无穷无尽的纠结中踟蹰不前。

那么，如何才能做到"放手"呢？答案很简单，只要你能学会"装傻"就行。

让我们一一分析。

其一，越俎代庖。

我们已经知道，"恨人蠢"是一粒毒药，会累死自己、害死别人。所以，治"恨人蠢"的毛病，唯一的办法就是反其道而行之，通过把自己变蠢的方式让别人聪明起来。说白了就是"装傻"。因为在一个相对封闭的空间里，聪明与傻往往是一种零和关系：某些人聪明，剩下的人就会变傻；反之亦然，某些人傻，剩下的人就会变聪明。之所以会发生这种情况，是因为傻的人会对聪明的人产生依赖，从而丧失让自己变聪明的动机；反之，如果失去这种依赖，傻的人就只能让自己变聪明。

就是这样一个逻辑。

所以，做领导的人一定要善于装傻，通过这样的做法倒逼团队成员扔掉手里的拐杖，学会独立行走。

讲一个真实的案例。

若干年前，我的手下曾经有个销售经理。这个小伙子有个特点，就是身上的手机二十四小时响个不停。不夸张地说，和他在一起，你们之间完整的对话很难超过三句。你与他的任何交谈，一准儿会被数不清的来电所打断，被切割得支离破碎，令你头痛不已。尽管他本人也显得很狼狈，不停地表示歉意，却又对此无能为力——毕竟那些电话都是下属打来的，都是公事，而且还挺急，他也没办法。

我问他是否很享受目前的工作状态，他苦笑着摇了摇头，表示这样的工作状态令他疲于应付，有些焦虑症乃至抑郁症的前兆了。于是我给他支了一招：从今天开始，只要是下属打来的电话，一律拒接；或者即便接，也只说一句话"这个事儿我不管，你自己看着办"。不要怕出事，出了事我兜着；如果老板怪罪下来，你赖在我身上就行，我替你背这个锅。

刚开始，他以为我在开玩笑，当逐渐探明我的真意后，他决定试一试。没承想，还真是一试就灵。不出一个星期，他的"公事来电"减少了近一半；一两个月之后，他的手机便基本上消停了下来，整个人的精神状态也好了不少。事后，我跟他分析了这件事的前因后果，他也深表赞同。原来，下属之所以不停地给他打电话，就是因为在日常工作中，他的表现太聪明、太突出。无论下属出了什么问题，有什么难处，他总是第一时间冲在前头，替下属出头，帮他们摆平所有麻烦。久而久之，下属便产生了严重的依赖心理，习惯于把所有大小事务都推到他身上，自己则乐得逍遥自在，吃现成的。

所以，解决这个问题，只有反其道而行之：只有上司"傻"下来，下属才能"聪明"上去。而最简单的办法，就是切断下属与上司之间的联系纽带，或者说依赖脐带——公务电话。以前有求必应的上司不复存在，下属便只能自立，让自己聪明起来。

其实，这位销售经理下了"手机逐客令"后，手下们并没有给他捅娄子，也没有去老板那里告过状，一切都很顺利，没有意外发生。这个结果颇为耐人寻味。

看来，这位经理高估了自己在部门内的存在感——那些下属并不是因为"做不了"才让经理做，而是因为"懒得做"才会推给经理。也许这样的行为完全是出于下意识，那些下属们也并非故意为之。可也正因如此，这种"非故意"的惯性才更可怕，也更可悲——因为下属身上的"懒筋"，完全是上司一手惯出来的。这就叫"自作自受"。可见，那些认为地球离了自己就玩不转的主儿，绝大多数都是自作多情。因为地球离了谁都照样转，不缺你这一个。

但愿这个案例能够给大家带来一些有益的启示。

其二，临门一脚。

在"临门一脚"的问题上，"装傻"也是一条锦囊妙计。

就拿前面那个例子来说，如果客户因为你的领导头衔而强行要求绕过基层员工，直接与你本人交涉，你可以用这样的话术为自己解套：不好意思，我是搞管理和行政工作的，真的不太懂业务。实不相瞒，我连许多产品的性能、数据和具体的价格标准都搞不清楚，真的无法和您进行业务方面的谈判。这些事情我们都是全权委托给一线的业务员工去做的。您想啊，他们天天接触这些东西，当然要比我们这些二线行政管理人员更专业、更具水准。所以，我认为您完全可以相信他们的能力，只有和这些真正的专业人士进行商务细节的谈判，才能最大限度地确保您的利益，您说是吗？

不出所料的话，这一装傻战术将能轻松地助你击退百分之九十的客户。

也许你会说：这是胡扯！现在的客户哪有那么天真，让你三言两语就能轻易忽悠走？这种人怎么可能不懂业务？客户又怎能不知道这一点？

别着急，即便遇到这样的客户，也不难对付。还是那句话，一定要装傻，将装傻进行到底。

打个比方，如果在你再三解释之下，客户依然不依不饶，非要和你死磕，摆出一副"非领导不谈"的架势，那也没关系，坐下来和他谈好了。只不过，谈归谈，这谈法可大有讲究：无论对方说什么，你都要摆出一头雾水、莫名其妙的表情；无论你自己说什么，都一定要说得不着四六、不知所云。你放心，不出十分钟，他就会对你彻底死心，将注意力重新放到你的下属身上，放到那些一线员工身上。

切记，你的表演一定要接地气、要尽量逼真，千万不能过于夸张、露骨，让对方看出破绽，那样会彻底激怒对方，导致弄巧成拙的结果。

总之，尽管你是"装傻"，却要让对方觉得你是"真傻"。大不了在对方心目中你是一个混饭吃的、不称职的领导，可这些"坏印象"对你而言完全是个小事儿，没必要太介意。因为尽管付出了一点个人的小牺牲，你为整个团队挽回的东西更多、更有价值。

不要担心你的行为会令你在团队成员心中失去威信，会让他们小瞧了你。作为自己人，每一个人都明白你在想什么、在干什么；每一个人都知道这是一场戏，而那个幕后的导演，就是你。所以，你越装傻，就越会给自己的团队成员留下深不可测乃至高山仰止的感觉。你在他们心中的威信与地位也只能越来越高，而不是相反。

其三，收拾残局。

"收拾残局"环节的装傻战术略为复杂一些。因为在这一环节中，"是否懂业务"这一点相对而言已然不再那样重要。客户之所以指名道姓地要和领导死磕，是想为自己赢得更多的筹码和更丰厚的利益，不是我危言耸听，在这一环节中许多人的目的根本就是不折不扣的讹诈。而这种场合，显然权力更大的领导是一个极好的进攻标的。

不过，尽管很棘手，装傻战术依然是唯一有效的应对之道。只不过，为了更好地达到目的，还要为这个战术再加点料，那就是两个字：拖延，尽可能地拖延。

具体操作方法如下：当顾客指名道姓地要你出头的时候，你可以与其见面，而且要做到礼数周全、不卑不亢。你依然可以端出自己"专职行政、不善业务"的理由，规劝对方与你的一线员工直接沟通，解决问题。在对方拒绝之后，你可以与其展开谈判，只不过在谈判的过程中你要不停地针对某些具体业务细节反复确认——向你的一线业务人员甚至客户本人进行确认，并尽量在这些确认的环节消磨时间。为了避免过度刺激对方，你可以为自己的行为做这样的辩护：只有确认细节，才能掌握实情；只有掌握实情，才能确保对方的利益。总之，你要把这一切都归结为为对方的利益着想，使其有苦说不出、有火难发作。不出意外的话，你的对手一定会被这种疲劳战术拖垮，心甘情愿地重投一线业务人员的怀抱。

有些人也许会说：你把客户想得太天真了。既然他们有备而来，甚至心怀不轨，怎么可能轻易就范？

此言不假。如果我的装傻战术是彻底断掉人家的退路，人家当然不会那么傻，必然会和我死磕到底。但是，我的战术并没有将所有后路堵死，而是给对方留下了一条光明大道：拿出解决问题的诚意来，和真正有责任、也有资格的人去谈，切实地把问题解决，而不是赖在领导这里徒劳无功地胡闹。也就是说，恰恰是对方为了某种不切实际的利益选择了一条羊肠小道，钻进了一条死胡同，而我的做法则是大发善心，将他们从这条不归路上拉了回来，把他们送上一条人间正道。

所以，和他们的做法相比，我的做法才是有建设性的，是真正地为他们好。只不过，既然他们有备而来，甚至心怀不轨，让他们彻底死心、回头是岸是一件需要耗费时间的事情，所以才出此下策，稍稍得罪一下罢了。

此外，还是那句话，"装傻战术"的关键在于演技一定要逼真、接地气，千万不可过于夸张，否则一旦穿帮将导致前功尽弃。

总之，领导与普通人最大的区别之一就在于：后者常擅小聪明，而前者拥有大智慧。俗话说"大智若愚"，这句话无疑是对极品领导的真实写照，值得所有团队领导再三品味。

最后，还有一点需要特别强调一下。对团队领导来说，装傻是为了放手，而放手不等于大撒把，更不等于冷漠。归根结底，放手是为了更好地锻炼你的团队成员。既然是一种锻炼，当然需要你有所作为，而且是积极主动的作为。只不过这种作为方式更隐蔽、更自然、更易于接受，能够在行云流水之间重塑一个人、完美一个人。

举几个例子：在一线成员半途遇阻、向你求助时，你不一定要直接给他答案，但是可以给他一些有营养的灵感和点拨，协助他的思考过程、提升他的思考质量；在一线成员取得的结果不尽如人意时，你不一定要板起脸来给予他严厉的批评，但是可以帮助他进行总结，彻底弄清楚所有的利弊得失；当一线成员思考和行为的方式超出了你认可的范围时，你不一定要将其一棍子打死，但是可以用自己的价值观影响他、感化他，让他懂得锦上添花、博采众长的道理。当然，在这个过程中也许你本人也会受益匪浅，能够从你的一线成员那里汲取许多有益的营养，与对方达成一种可喜的双赢局面。

总之，退居幕后的你不但不能无所事事，相反应该更为活跃。对你而言，尽管那只有形之手从最显眼的地方收了回来，但是那只无形之手将会在更多的地方出现，直至达到无所不在甚至无所不能的程度——只有进入这种境界，你才能成为一个真正意义上的灵魂人物，你的领导力特质才算得到了最淋漓尽致的发挥。

☆ 小 结

"装傻战术"的关键在于演技一定要逼真、接地气，千万不可过于夸张，否则一旦穿帮将导致前功尽弃。

领导力与大智若愚

我曾不止一次地听到过企业高管说这样的话：在用人方面，我不喜欢太聪明的人，喜欢用傻一点的人。聪明的人不听话，心眼儿多，你说一句，他有八句在那儿等着，不好使；傻的人听话、朴实，你说什么就是什么，你让他干什么就干什么，好使。

换句话说，这些高管的逻辑是，一个称职的职场中人，应该具有这样的特质：少想，多做。把"想"这个事儿交给自己的领导，自己只需按照领导的意思"做"。

如果能拥有这样的员工，那就是一支"梦之队"。

这些人往往拿老子在《道德经》中的言论作理论依据：古之善为道者，非以明民，将以愚之。民之难治，以其智多。故以智治国，国之贼；不以智治国，国之福。由此，他们下了结论：老子提倡"愚民思维"。所以说"管理"这个事儿，要求员工必须"傻"一点儿，不能太聪明。员工越傻越好管，越容易管出样子来；反过来说，员工越聪明越不好管，越容易出乱子。

可现在的问题是：中国自古就是一个重教化、重教育的民族，而这样的文化之所以能千百年传承下来，与中华文明的启蒙者——那些智慧深邃、目光长远的先贤们的谆谆教诲密不可分。而他们中的佼佼者老子居然会提倡所谓的"愚民思想"，显然是一件不合逻辑、极其荒谬的事情。

那么，老子为什么会说出"古之善为道者，非以明民，将以愚之。民之难治，以其智多"这样的话呢？这句话又到底是什么意思呢？显然，问题出在"愚"与"智"这两个关键字上。从结论上讲，这里的"智"，指的是"小聪明""小心眼"；而"愚"，才是"大聪明""大智慧"。这便是"大智若愚"的意思。

所以，老子的"愚民思维"，说白了就是希望天下百姓都能拥有"大智慧"，而不是"小聪明"。只有做到这一点，才能"天下大治"；否则，如果民间"小聪明"泛滥，自私自利、钩心斗角，不良风气猖獗，则会"天下大乱"。这才是老子的本意，是他真正想要说的话。

事实上，即便是那些希望下属员工"傻"一点的企业高管们，其本心也是这个意思：不喜欢下属有太多小心眼和私心杂念，因为这样的员工确实难管，这样的团队确实容易"一团糟"。

问题是，员工"傻"一点，就真的能得到良好的管理效果，让自己的团队"长治久安"了吗？

未必。理由很简单："傻"与"聪明"是一个相对的概念。再"傻"的员工，随着社会经验的增多、职场历练的积累，也会逐渐"聪明"起来，那时你该怎么办？这还不是重点，真正的重点是：如果你的下属员工一直是"傻"的状态，他们就很难成才，很难独当一面。团队人才匮乏、后继无人，便不能长治久安、兴旺发达；而作为一个管理者，没有后续人才接班，没有能人巧匠辅佐，孤家寡人一个，岂不是要活活累死自己？所以，极为讽刺的是，恰恰是这些希望下属"傻"的管理者，在下属办事不力时最常用的口头禅却是：你们什么事都要问我，就不会自己动动脑子？可见，这些人的内心深处是极为纠结矛盾的。顺利的时候希望下属"傻"，不顺的时候希望下属"聪明"。自己心里都没个准谱儿，又让下属如何是从呢？

总之，"傻"的员工只会被动做事，缺乏真正的生产力；而"聪明"的员工才能主动做事，拥有强大的生产力。哪个是"人才"，哪个是"蠢材"；孰优孰劣，孰高孰下，一目了然。

所以，归根结底，"傻"不是办法。真正的出路，还是"聪明"，也只有"聪明"。只不过，必须是"大聪明"，不能是"小聪明"。这才是对"领导力"的考验。

换言之，只想做小事，不妨把下属"变傻"；而要想成大事，则必须把下属"变聪明"。同样的道理，只图一时安逸，满足于做一个小小的"管理者"，不妨把下属"变傻"；而要想长治久安，做一个卓越的"领导者"，则必须把下属"变聪明"。就是这样一个逻辑。

那么，如何才能把下属"变聪明"，而且是"大聪明"呢？

首先，需要领导者自己是一个拥有"大智慧"的人。这样的人大智若愚、大巧若拙，功力深厚、气场强大，拥有举重若轻，四两拨千斤的本事；其次，需要领导者博闻强记、谦虚好学，率先垂范、身先士卒，通过言传身教不断地培养、熏陶自己的下属员工；最后，需要领导者登高望远、博采众长，勇于探索、试错，在长期艰苦的实践中形成一套完整的思想、理论和方法论，使其能够在自己的团队中不断地复制、传承下去。这便是"领导力"的精髓。

古今中外所有卓越的领导者，莫不如此；古今中外所有强大的团队，莫不如是。

"海底捞"就是一个比较典型的例子。

这家企业的员工有个特点，那就是基本上都出身于四川省的某个穷乡僻壤。因为文化水平较低，见识较浅，且天性淳朴、吃苦耐劳，所以这些山里的苦孩子们确实好管，工作效率确实极高。这便是"海底捞"超强竞争力的最初来源，也是竞争对手们倍感眼红的主要标的。对这一点，海底捞的管理层也从不讳言。

不过，这些高管们明白：这一竞争优势只是暂时的，不可能长久持续下去。原因很简单：毕竟这些孩子们已经走出穷困的山区，来到繁华的城市。随着见多识广，孩子们的思想迟早会发生变化。所以，把希望寄托在孩子们的"单纯"上面，显然不是长久之策。真正有效的办法，只能是"教育"，而且是尽可能早、尽可能快地教育。要赶在孩子们沾染上城市里的某些坏习气之前，将正确的价值观与丰富的职业技能教给他们，让他们真正成才。"海底捞"的高管们是这么想的，也是这么做的。现如今，支撑"海底捞"庞大管理体系的，几乎全部都是企业自己培养出来的人才，全部都是那些曾经的"大山里的孩子"。

　　这个故事，传神地演绎了"智"与"愚"之间的逻辑关系。

　　希望能够对那些渴望获得卓越"领导力"的人们有所启示。

图书在版编目（CIP）数据

上下同欲：将团队合力发挥到淋漓尽致的28个领导
力法则 / 南勇著. -- 南京：江苏凤凰文艺出版社，
2021.6
ISBN 978-7-5594-5460-7

Ⅰ.①上… Ⅱ.①南… Ⅲ.①领导学 Ⅳ.①C933

中国版本图书馆CIP数据核字(2020)第241620号

上下同欲：将团队合力发挥到淋漓尽致的 28 个领导力法则

南勇 著

责任编辑	李龙姣	
出版发行	江苏凤凰文艺出版社	
	南京市中央路 165 号，邮编：210009	
网 址	http://www.jswenyi.com	
印 刷	唐山富达印务有限公司	
开 本	690 毫米 ×980 毫米 1/16	
印 张	16	
字 数	208 千字	
版 次	2021 年 6 月第 1 版	
印 次	2021 年 6 月第 1 次印刷	
书 号	ISBN 978-7-5594-5460-7	
定 价	59.00 元	

江苏凤凰文艺版图书凡印刷、装订错误，可向出版社调换，联系电话025-83280257